松井茂記著

情報公開法入門

岩 波 新 書

697

はしがき

市民が永年にわたって求めてきた情報公開法が、ようやく一九九九年五月、「行政機関の保有する情報の公開に関する法律」(この本では、これを「情報公開法」と呼ぶ。)として成立した。実際の施行は、二〇〇一年四月一日からとなる。

情報公開を求める声は、日本でもとくに一九七〇年代以降強くなった。閉鎖的で秘密主義の横行する日本の政治や行政のあり方を変えるためには、情報公開法の制定が不可欠だと感じられるようになったのである。

実際、情報公開は、すでに世界の潮流である。アメリカの情報公開法に象徴されるように、行政機関の保有する情報を広く国民に公開する情報公開制度は、民主主義にとって不可欠な制度であると認められ、ほとんどの先進諸国で導入されている。

日本でも、情報公開制度の必要性は明らかである。考えてみれば、日本国憲法が国民主権を宣言し、国政が、国民が選挙で選出した代表者を通じて行われるという代表民主政原理に基づくべきことを確立し、国民に選挙権や表現の自由をはじめとする政治参加に不可欠な諸権利を保障している以上、情報公開はまさに憲法の要請であった。情報公開のないところに、民主主義は存在しないからである。

アメリカ合衆国憲法の起草者の一人であり、「アメリカ合衆国憲法の父」とも呼ばれるジェームス・マディソンの次のことばは、このことを的確に表している。

「人民が情報をもたず、情報を入手する手段をもたないような人民の政府というのは、喜劇への序章か悲劇への序章か、あるいはおそらくその双方への序章であるにすぎない。知識をもつ者が無知な者を永久に支配する。そしてみずからの支配者であらんとする人民は、知識が与える権力でもってみずからを武装しなければならない。」

このことは、日本にもあてはまる。

だが、残念ながら、日本ではこのことが理解されず、情報公開法は制定されなかった。世界の潮流のなかで、情報公開の流れに取り残され、日本は、海外からも閉鎖的で秘密主義だと批判されてきた。しかし、情報公開はしだいに地方公共団体で根付くようになった。一九八二年に神奈川県が公文書公開条例を制定して情報公開を樹立したあと、他の都道府県でも同様の情報公開条例が制定されるようになり、現在では四十七の都道府県すべてで情報公開条例が制定されている。まだ不十分な面もあるが、それでも情報公開は、地方公共団体ではしっかりと定着しているといってもよい。

そして情報公開を求める声に押され、ようやく国も情報公開法の制定を決断し、こうして今やっと情報公開法が制定され、施行されることになったのである。

さまざまな点で、この情報公開法にはまだ不十分なところがある。あるべき情報公開法の姿からいえば、途はまだ遠い。しかし、ともかく国の行政機関の保有する情報の公開を義務づける情報公開法が制定されたということ、それ自体に大きな意義がある。しかも、先行していた地方公共団体の情報公開条例と比較して、国の情報公開法の方がすぐれている面も少なくない。それゆえ何よりも重要なことは、この情報公開法を最大限利用して、情報公開を求めることである。そして、それを通じて情報公開法の不十分なところを明らかにし、さらに情報公開が進められるよう見直しを進めることである。

この本は、そのために、この情報公開法の考え方や仕組みを説明しようとするものである。

この本は、一九九六年に岩波新書の一冊として公刊した『情報公開法』の新版にあたる。情報公開法制定前に執筆された同書では、アメリカの経験と地方公共団体の経験を踏まえ、日本の情報公開の現状を紹介し、そして情報公開法制定を訴えた。幸いにして多くの方に読んでいただき、同書は、情報公開法制定にも寄与しえたものと信じている。しかし、情報公開法制定前に執筆されたものである以上、同書は情報公開法に対応していない。それゆえ、今回は、情報公開法にあわせて内容を一新することにしたのである。

さらに、情報公開法施行にあわせ、情報公開法を包括的に検討したテキストブックを公刊することにした。こちらでは、情報公開に関わった経験から、情報公開法の具体的な論点を含め、詳細な判例や実例の分析を行い、あるべき解釈を示そうとしている。そこで、これと区別するため、この本では、一般の方に情報公開法を理解していただけるよう、入門的な記述とすることにした。この本の書名が『情報公開法入門』となっているのは、そのためである。

それゆえ、この本は、情報公開法とはどんな法律で、どうすれば情報公開請求できるのか、どんな情報にアクセス可能なのか、こういった情報公開法の仕組みをわかりやすく一般の方に説明することを目的としている。もっと詳細な情報公開法の運用をめぐる解釈とか判例を知りたいと思われる方、あるいはこの本を読んでさらに関心が強まりもっと知りたいと思われるようになった方には、こちらのテキストブックの方を読んでいただきたいと考えている。

この本を通じて多くの方に情報公開法に関心をもっていただき、各地方公共団体の情報公開条例と同様、情報公開法が積極的に利用されるようになることを願っている。

二〇〇〇年初秋　シアトル郊外のメダイナにて

松井茂記

目　次

目次

はじめに

秘密主義の高い壁

日本は、世界でも悪名高い秘密主義の国である。

日本では、行政機関のもつ情報は行政機関の内部的なことがらであり、それは国民のあずかり知らないことだと考えられてきた。そのため、法律などによって一定の行政情報の公開が義務づけられていない限り、行政情報を国民に知らせるかどうかは、行政機関の裁量の問題と考えられてきた。しかも、国家公務員法にも地方公務員法にも公務員の守秘義務を定めた規定があり、国もしくは地方の公務員が職務上知りえた秘密を漏らした場合には、刑罰を受ける仕組みとなっていた。そのため、行政を担当する職員はなるべく秘密を守る方にばかり目がいって、行政情報をなるべく公開しようなどとは思わなかったのである。

またこのことは、行政を担当する職員にとっても都合のよいことであった。行政情報を手にしていることで、たとえばその情報をうまく利用して事業者などにさまざまな行政指導を行うこともできた。事業者もその情報を求めて職員に接近し、さまざまな接待を繰り返すなど、情報は権力の源でもあった。そしてまさにこのように情報を独占していることのゆえに、事業者は官僚の天下りを求め、官僚との間に密な関係を維持しようとしてきた。

また、このことは別の意味でも官僚にとって都合がよかった。行政機関やその職員にとって不都合な情報については、情報の存在を否定し、あるいは虚偽の情報を提供しても、その責任を問われる必要がなかったからである。

このことを典型的に示した事例をいくつかあげよう。一九八九年一月、東京電力福島第二原発三号炉で再循環ポンプの水中軸受けリングが破損し、炉内に金属片が流入する事故が生じた。この事故の原因は、国内では軸受けリングの溶接不良にあり、構造的な欠陥ではないと説明された。ところが、ある市民運動グループが、アメリカの情報公開法に基づいてこの事故について情報公開請求したところ、再循環ポンプを設計したアメリカのメーカーが、アメリカの原子力規制委員会に提出していた報告のなかでは、日本で用いられている同型同規模の軸受けリングには構造的な問題があると報告していたことが明らかになった。

いったい日本国内での説明は何だったのであろう。日本で生じた事故のことなのに、アメリカから情報公開されなければ、おそらくその事故原因の真相は闇に葬られていたことであろう。

もうひとつ例をあげよう。血友病の患者などがエイズウイルス(HIV)感染の危険性のある非加熱製剤の使用により感染し、厚生省が非加熱製剤の危険性を認識しながら適切な措置をとらなかったのではないかが訴訟で争われてきた。その訴訟の過程で、原告らは、厚生省内で非加熱製剤の危険性について検討した会議資料等があるはずだと申し立てた。これに対し厚生省は、そのような資料等は存在しないと回答した。ところが、高まる批判に厚生大臣が再度調査を指示すると、まさにそのような会議資料が存在することが明らかになった。結局この資料は大臣の責任において公開されたが、それには、まさに輸入される非加熱製剤の危険性を認識しておりながら、適切な措置をとれなかった厚生省の対応のまずさがよく示されていた。しかも、実は後日になって、その会議の録音テープまで存在していたことが明らかになっている。

都合の悪い資料は隠す。あるはずだといわれれば、ないと答える。たまたまこの事例では行政側の対応の不適切さがあからさまとなったが、不都合な情報をうまく隠し通せた事例も多いことであろう。

それだけではない。たとえば沖縄返還交渉の過程で、在日米軍基地の返還に伴う費用の負担についてアメリカ政府が負担することになっていたが、アメリカ政府と日本政府の間で、日本政府がこれを肩代わりする密約があったのではないかと問題にされてきた。この問題は、外務省秘密漏洩事件でも焦点となった。そして政府は一貫してそのような密約はないと主張し、なんと裁判でもそのように主張していた。ところが、アメリカでは外交文書は一定の年月が経過すると原則として自動的に公開される制度があり、沖縄返還に関する外公文書も公開された。

そのなかに、まさに日本政府がそれを肩代わりすることを示した署名の入った文書が含まれていた。ところが外務省は、それでも依然としてその事実を否定しているのである。外国の政府から、しかも公式の文書として、事実を示す文書が公開されても、なおそのような事実はないと答える。残念ながら、これが現状なのである。

しかも、これらの事例は、実は氷山の一角であるにすぎない。われわれの知らないところで、行政機関にとって都合の悪い情報はきっと握りつぶされているのではないか。国民がそんな思いを抱いたとしても当然であろう。

あばかれた官官接待

このような行政の秘密主義を打破するために不可欠なのが、情報公開制度なのである。あとで述べるように情報公開制度とは、行政機関の保有する行政情報を原則としてすべて公開することを義務づけ、国民(住民)に行政情報の公開を請求する権利を保障する制度であるが、このような制度が確立されてはじめて、行政の秘密主義を打ち破ることができるのである。

そのことを典型的に示すよい例が、官官接待をめぐる事例である。

「全国市民オンブズマン連絡会議」というある市民団体が、各地にある情報公開条例を利用して一九九三年度の接待費や食糧費の支出について公開請求をしたところ、五十二億円を超える額が食糧費として支出されていたことが明らかになった。その大半は、地方公共団体の職員による中央官庁の役人の接待であった。いわゆる「官官接待」である。

しかも、この公開請求により、なかにはとても市民の理解を得られないような接待が行われていることが明らかになった。高級料亭で高額な接待が行われたり、高額なワインが出されたところや、昼の接待でも酒が出されていたりしているところもみつかった。宴会のコンパニオン代を食糧費から支出したり、芸者をよんで花代を食糧費で支出していたところも明らかになっている。さらに、各地で公共事業費などが食糧費に転用されたり、食糧費の水増しが行われたり、カラ出張で裏金を作り宴会などに当てていた事例なども次から次へと明るみにでた。

高知県では、一九九三年三月に県庁の出先機関でカラ出張・旅費の水増しが発覚し、その後カラ出張が全庁的に行われていたことが明らかになった(知事は、知事ら三役を減給処分にした。関係者は虚偽公文書作成・詐欺罪で高知地検に告発されたが、起訴猶予処分とされた)。北海道でも、一九九五年一一月にカラ出張が発覚し、その額はその後の調査で二十億円に上ることが明らかになった。宮城県でも、一九九五年二月に官官接待の食糧費の支出に問題があったことが発覚し、さらに九六年六月には五億円を超す職員のカラ出張があったことが明らかになった。同様に、三重県でも十億円を超すカラ出張が発覚し、鹿児島県でも不正支出が発覚している。

だが、明らかにこのような状況は、一部の地方公共団体だけのものではない。しかも、このような状況のなかで、本来これらの不正な公金支出を監視すべき立場にある監査委員までが、実際にはこのような接待を受けたり、事務局がカラ出張を行い、裏金としてプールし、公費では支出できない議員のパーティ券購入などに当てていたり、会議費を水増し請求して裏金を作り、職員たちの飲食などに当てていたことが明らかにされている。

このような官官接待の現実は、国民の強い批判を招いた。そこで、国のレベルでも接待を受けることを自粛するよう通達が出され、自治省も地方公共団体による官官接待に節度をもうけるよう通達を出した。その結果、多くの地方公共団体では食糧費は大きく削減され、官官接待をやめたり大幅に縮小するようになった。また、多くの地方公共団体でカラ出張の調査が行われ、不正な支出に対して職員に返還が求められたりするようになった。そして、出張の記録などをきちんと管理するように制度の改善が行われるようになった。

たとえば一九九五年九月には、宮城県が公費による官官接待を全廃し、懇談相手の個人名を民間人も含めて公開する方針を宣言した。さらに東京都も、一九九六年二月に、官官接待を原則として廃止し、そしてやむをえず行った場合には相手の氏名や会合場所に関する情報を公開する方針を打ち出している。いまや懇談会に出席した地方公共団体の職員の氏名だけでなく相手方の氏名までも公開するところは、宮城、東京に加え、青森、群馬、高知、秋田などに広がっている。三重県は、出張内容も全面公開の方針を打ち出し、これまでバラバラであった出張報告書の書式も統一したうえ、長期・遠方の出張には必ず出張報告書の提出を求めることとした。

情報公開で政治も変わる

このことは、情報公開が行政を監視するうえできわめて大きな効果をもつことを明らかにした。実際、このような官官接待の事例やカラ出張の事例だけでなく、情報公開条例を利用して、多くの住民は地方公共団体の活動を監視し、そして地方公共団体の活動に参加している。地方公共団体による公共事業や公共施設の建設、公園の整備、開発などについて、その意思形成の過程を明らかにするよう情報公開請求し、決定に不適切な点はないか、適正な金額で執行されているか、環境や自然に与える影響は適切に評価されているか、施設の安全性などは確保されているかなどを検証してきている。学校でいじめや体罰があれば、職員会議でどのような対応がとられたのかを確認し、事故報告書や懲戒処分書の中で事実関係がどのように理解されているかを検証することもできる。

しかも、秋田県の事例は、情報公開が政治を変えることができることを示している。

秋田県では、一九九五年八月に、食糧費の予算が少ない課のために公共事業の事務費の一部が転用されていたことが明らかになった。これらの公共事業の多くは国の補助事業であり、本来このような転用は認められないが、科目更正手続によって伝票類は別に保管され、食糧費の公開請求でも公開されない仕組みになっていたという(結局その後の調べで、一九九三年、一九九四年でこのような転用は二十億円あまりに及ぶことが明らかになっている)。九月には、架空の懇談会で食糧費を捻出し官官接待の二次会費に当てていたことが明るみにでた。

そのうえ、一九九六年三月には、食糧費の公開請求に対し、一部の書類を公開せず、議会などにも食糧費を三億円以上も少なく報告していたことが発覚した。しかも、公開請求に対し金額を少なく書き換えたニセの公文書を作成し、それを公開していたことまで明るみにでた。原本を閲覧した市民が改竄のあとを発見したのである(秋田県では、その後原本の閲覧を認めず、写しの交付のみを行う方針に変更した。県は文書保存のためだと説明したが、ニセの公文書を隠すための措置だと厳しい批判を受けた)。また、同年四月には公共事業費を別の課の食糧費などに転用し、しかも転用金額を少なく公開していたことが明らかになった。しかも実際には、公開された食糧費に関する文書のほとんどは、改竄されていたことまで明らかになった。

このような状況のなか、知事は、公文書公開審査会の公開答申を公然と無視し、審査会の答申に従わないことがあるのも審査会の宿命であり、県民には我慢してもらうしかないと堂々と発言する始末であった。ところがその後八月には、高級料亭で開かれた知事陣営の選挙慰労会を食糧費から支出していたことまで明らかになり、全庁あげての調査で不正支出の全額返還を決定し、信頼回復をはかりたいとする一方で、公開請求になお大量のニセ文書を作成して公開していたことまで明らかになった。また一〇月には、一九九五年正月の知事公舎のおせち料理代を、架空の懇談会を開いたように見せかけて公費で捻出していたことが発覚した。業者に頼んで請求書を二枚にしてもらい、「情報公開などの視察」目的で来庁した人と懇談会を開いたことにしていたというから、何とも皮肉である。

その結果、結局知事は辞任を余儀なくされ、選挙によって新しい知事が選出されることとなった。情報公開は、日本の政治を変える大きな力となりうるのである。

ようやく情報公開法が制定され、施行されることによって、いまその情報公開制度が国のレベルでも確立されようとしている。これをどのように運用していくかは、まさに日本の政治にとってきわめて重要な試金石となろう。

I　情報公開法とはどんな法律か

1　情報公開法とは

情報公開制度の意味

「情報公開法」というとき、狭い意味では、一九九九年五月に制定され、二〇〇一年四月一日から施行が予定されている「行政機関の保有する情報の公開に関する法律」のことをいう。しかし、広い意味でいうなら、情報公開法とは、国や地方公共団体において情報公開制度を定める法一般を指す。それゆえ、狭い意味での「情報公開法」以外の国の法律で国の機関の情報公開制度を定めているものや、地方公共団体の情報公開条例も含まれる。

情報公開制度とは、国や地方公共団体など「政府」の機関の保有する情報の公開を法的に義務づけ、国民(住民)に政府情報の公開を求める権利を保障した制度をいう。

それゆえ、政府の側が一定の情報を選択し、国民に提供する「情報提供」(広報など)と「情報公開」は決定的に違う。前者は、情報の公開が法的に義務づけられてはおらず、国民(住民)には情報の公開を求める権利が保障されていないからである。したがって、どんなに「情報提供」が充実していても、「情報公開」の代わりにはならない(ただし、国の「情報公開法」は、このような意味での「情報提供」をも「情報公開」と呼んでいる。誤解を生みやすい用法であるから避けるべきであったと思われるが、この意味での「情報公開」は本質的には「情報提供」であることを銘記すべきであろう）。

情報公開法は世界の潮流

このような意味での「情報公開」を定める情報公開法の制定は、もはや世界の潮流である。世界の国々で最も早く情報公開法を制定したのはスウェーデンである。スウェーデンでは、絶対王政の崩壊後、イギリスで名誉革命のあと検閲制が廃止されたことの影響を受けて、一七六六年に「著述と出版の自由に関する一七六六年一二月二日の憲法法律」が制定された。これにより検閲制を廃止し、公文書の印刷配布の自由を宣言するとともに、公文書の公開を導入したのである。そして、公文書公開制度は一時期王政復古のなかで後退したが、その後再び確認され、現在までスウェーデンの統治機構のなかの不可欠の構成要素として確立しているのである。スウェーデンの情報公開制度は、「出版の自由」という考え方に含まれている点、および例外が個別的に列挙されている点に大きな特色をもっている。

しかし世界の情報公開の流れを形成したのは、アメリカの例であった。

アメリカでは、第二次世界大戦後、政府の秘密主義に対してジャーナリストから不満が生じた。そこで一九五〇年、アメリカ新聞編集者協会は、情報の自由な流通をはかるため、「情報の自由に関する委員会」を設置し、政府による取材拒否の増加を問題とした。そして、一九五一年に、ニューヨーク・ヘラルド・トリビューンの顧問弁護士であり、ジャーナリズム法の権威として知られていたハロルド・クロスに、情報の自由に関する法の研究を委託した。その成果が、一九五三年の『国民の知る権利――公共的な記録および審議過程への法的アクセス』という書物に結びついた。この書物は、政府の公文書や会議へのアクセスに関する法を丹念に検討し、いかに公的な情報へのアクセスが制限されているかを明らかにした。

そこで、これを受けて、ジャーナリストを中心に「知る権利」運動と呼ばれる運動が展開された。ジャーナリストは、国民の「知る権利」を掲げて、公的情報へのアクセスの確保、とりわけ公文書の公開を求めたのであった。その動きはまず州のレベルで、情報公開法へと結実した。そしてこれが、一九六六年の連邦の情報公開法(Freedom of Information Act：FOIA)(日本では情報自由化法とも情報自由法とも訳されている)の制定につながったのである。

アメリカでは、それまでも一九四六年の連邦の行政手続法のなかに行政情報へのアクセスの規定が含まれていた。しかし、そこでは情報に対して「適切に、かつ直接に利害関係を有する者」しかアクセスができず、しかも広範な例外が認められているなど、公衆による公的情報へのアクセスという点ではきわめて不十分なものであった。そこで、一九六六年に情報公開法が制定されて、これが全面的に改正されることになったのである。

このアメリカの情報公開法は、何人《なんぴと》でも公開請求権を行使できるようにするとともに、九つの列挙された概括的例外事由に該当しない限り、連邦政府の行政機関の記録をすべて原則として公開するものであり、しかも開示拒否に対して裁判所による救済の途を確保した画期的な内容であった。しかも、それが国民の「知る権利」を背景にして制定されたこと、そして情報公開が「情報の自由」という考え方に基づいている点に、大きな特色を有していた。

こうした流れを受けて、スウェーデンの影響を受けたフィンランド(一九五一年)、ノルウェー(一九七〇年)、デンマーク(一九七〇年)などの北欧の国々も情報公開法を制定した。この他、ヨーロッパの国々では、フランス(一九七八年)、オランダ(一九七八年)、オーストリア(一九八七年)、ベルギー(一九九四年)、アイルランド(一九九七年)で、情報公開法が制定されている。ドイツではまだ連邦政府に適用される包括的な情報公開法は制定されていないが、環境保護に関しては連邦の情報公開法が制定されており、また州のレベルでは情報公開法が制定されているところがある。しかもドイツでは、州のプレス法で、プレス(報道機関)に官庁に対する情報請求権が保障されており、これが実質的に情報公開法の代わりとなっている。

イギリス連邦に属していた国々でも、情報公開法が次々と制定された。イギリス本国はまだ情報公開法は制定されていない(ただし、メージャー政権時に情報公開の要綱が作成されて実施されているうえに、ブレア政権のもとで現在議会において情報公開法案が審議中である）が、すでに一九八二年には、カナダ、オーストラリア、ニュージーランドで情報公開法が制定されているのである。

そしてアジアの国々では、すでに韓国（一九九六年）が情報公開法を制定している。

情報公開は民主主義に不可欠

実際、このような情報公開法の制定は、民主主義に不可欠なものということができる。

具体的な統治のメカニズムに違いはあっても、近代の民主主義においては、国民が選挙で選出した代表者が立法権を行使し（場合によっては人民投票の形で直接立法権を行使し）、執行権ないし行政権は、その法律を執行する仕組みとなっている。国の政治を最終的に決定するのは、選挙権や表現の自由などの権利を保障された国民である。

日本国憲法は、まさにこのことを明らかにしている。日本国憲法は、前文および第一条で国民に主権が存することを宣言し、国民主権原理を明確にしている。国民主権の意味についてはは考え方が大きく対立しているが、少なくともこれにより政府の権力が国民に由来するものであることは明らかとなった。しかも日本国憲法は、国民に憲法改正の際の国民投票の権利を保障し、さらに国政についても選挙権を国民固有の権利として保障し、選挙を通して国政を決めるのは国民であることを明確にしている。また憲法は、国民に対し、思想・良心の自由、表現の自由や結社の自由を保障し、国民が自由に表明した意見に基づいて政治に参加できることを確保している。

しかし、国民がこのように憲法で保障された権利を行使し、国政について最終的決定を下すためには、政府の諸活動を知る機会が保障されなければならない。政府が何をどのように行っているのか分からなければ、国民には国政について判断を下すことは困難である。そこで意味をもつのが、先にアメリカの情報公開法について触れた国民の「知る権利」という考え方である。つまり、憲法の定めるような統治のメカニズムのもとでは、国民には政府の活動を「知る権利」が保障されなければならない。これは、表現の自由を保障した憲法第二十一条の当然の要請と見ることができよう。

この意味で、日本国憲法はまさに情報公開を求めていたといわざるをえない。

先行したのは地方公共団体の情報公開条例

しかしこのような情報公開の必要性は、日本国憲法制定後も十分認識されなかった。そしてはじめに述べたように、行政情報は行政機関の内部の問題で、政府には情報公開の義務はないといった誤った考え方が受け継がれてきてしまったのである。

もちろん、情報公開を求める声が日本にもなかったわけではない。日本でも、このような情報公開を求める声は、とりわけ一九七〇年代、ロッキード事件やダグラス・グラマン事件などの政界汚職事件に絡んで強くなった。そして、こうした声に押され、一九七九年の臨時国会では、当時の大平首相がはじめて公式の場で情報公開の必要性を認めた。一九七九年一〇月の総選挙では、野党各党は情報公開を公約にあげた。そして選挙に惨敗した政府・自由民主党は、新自由クラブの協力を得なければ政権維持に不安を感じ、新自由クラブとの政策協定を結ぶ際に、情報公開法の制定に同意した。大平首相は、選挙後の国会でも情報公開の検討を答弁し、年末には情報公開を検討する各省連絡会議が発足した。

ところが、会議では慎重論が相次ぎ、会議は検討わずか四カ月あまりで、情報公開法制定は現下の情勢では時期尚早と結論し、さらに今後の検討に委ねることにした。そして大平首相の急逝によって一九八〇年六月の総選挙で圧勝した自由民主党は、情報公開に対して消極的な姿勢をとるようになった。そのため、選挙後の国会で野党各党が情報公開法案を提出したが、情報公開法制定には至らなかった(ただし、それでも情報公開を求める声を無視できず、一九九一年一二月には、連絡会議で「行政情報公開基準について」の申し合わせが行われている。ただし、これは国民に情報公開請求権を保障したものではなく、一方的な情報提供の指針を示したものにすぎず、実効性はまったくなかった)。

こうしたなかで、むしろ情報公開に積極的な姿勢を示したのは、地方公共団体の方であった。一九七〇年代以降、住民参加を重要な課題と認識するようになった地方公共団体では、この情報公開を住民参加の不可欠の前提として導入するようになってきたのである。

このような情報公開条例を最初に制定したのは、山形県最上郡金山町(一九八二年三月一九日制定、翌年四月一日施行)であった。しかし、情報公開条例制定の大きな先鞭をつけたのは、神奈川県であった。神奈川県では、数年間にわたる検討の結果、一九八二年一〇月一四日、都道府県としては最初に公文書公開条例を制定したのである(翌一九八三年四月一日施行)。

これにやや遅れて埼玉県でも条例が制定され(一九八二年一二月一八日)、それ以降東京都、大阪府など情報公開条例を制定する地方公共団体は次々と増加した。すでに現在、少なくとも都道府県のレベルでは、四十七のすべての都道府県で情報公開条例が制定されている。そして、これらの条例のもとで、情報公開制度はすでに少なくとも地方公共団体のレベルではすっかり定着してきているといえよう。

そしてようやく国にも情報公開法が

こうしたなかでも、国の動きはきわめて消極的であった。

たとえば、行政改革の一環として情報公開を求める第二臨調の提言を受けて、総務庁の情報公開問題研究会が一九九一年に『情報公開――制度化への課題』と題する中間報告を出した。だが、この報告は諸外国の制度や地方公共団体の情報公開条例の現状を検討しているものの、問題点の指摘ばかりが目立って、情報公開制度確立への意図はうかがえなかった。

そして一九九三年六月には、はじめて野党共同提案という形で情報公開法案が参議院に提出されたが、この法案も、衆議院で内閣不信任決議案が可決され、衆議院が解散されたため廃案となってしまった。

ところが、その選挙の結果、政権交代が行われたことで、情報公開法制定への途が開かれることになった。もともと連立政権に加わった各党のほとんどは、野党共同提案に加わっていた。そこで細川首相は、情報公開法制定に取り組むことを表明し、検討作業が開始されることとなった。そして、細川内閣の総辞職により羽田内閣となり、社会党が連立政権を離れて自由民主党・新党さきがけと新たな連立政権が樹立され、村山内閣となっても、その姿勢は継承された。その結果、一九九四年一一月に行政改革委員会設置法が制定され、委員会には情報公開の問題の審議検討が明文で付託され、しかも情報公開法の制定に関する意見の具申は二年以内に行うものとすると明記された。

これを受けて、一二月に行政改革委員会が設置され、行政情報公開部会を発足させて、情報公開法に関する検討が行われた。そして、行政改革委員会は、期限となる一九九六年一二月に、

「情報公開法要綱案」(「要綱案」)と「情報公開法要綱案の考え方」(「考え方」)を示して、情報公開法の制定を、村山首相のあとを受けて首相となった橋本首相に意見具申した。

そして、この要綱案をもとに政府内部で法案化が進められ、一九九八年三月に閣議決定された情報公開法案が国会に提出された。ところが、金融問題などが大きな争点となったこの国会では結局成立には至らず、その後の臨時国会でも継続審議となり、結局法案は次の通常国会まで持ち越しとなった。

その間、政府の法案のもととなった要綱案およびその結果としてできた法案それ自体にも、さまざまな問題点が指摘された。野党も、政府法案では情報公開にとって不十分な内容であると批判し、修正を求めた。その調整がつかなかったため、成立が遅れたのである。

とくに問題とされたのは、情報公開法の目的として「知る権利」が明記されていないこと、特殊法人等への適用を見送ったこと、手数料負担が情報公開の妨げになるのではないかとの懸念があること、そして情報公開をめぐる訴訟の裁判管轄の問題であった。

しかし、ようやく一九九九年になって妥協が成立し、法案は修正のうえで可決され参議院に送られた。手数料負担について一定の歯止めを設け、裁判管轄を拡大しつつ、「知る権利」の明記は見送ることとし、その代わり法律のあとに付けられる「附則」のなかで、見直しをはかることを明記することになったのである。そして、参議院では再びさらに裁判管轄について、那覇地方裁判所を加えるよう修正を求める声があがったが、結局これは将来の検討課題とすることで決着が付き、法案は若干修正されて可決され、衆議院に再び送られた。そして衆議院がこの修正を受け入れたため、情報公開法は可決成立に至ったのである(衆参両院で、それぞれ付帯決議が採択されている)。

市民が長年にわたって求め続けてきた情報公開法は、こうして成立し、ようやく国のレベルでも情報公開制度が確立されようとしている。施行は、二〇〇一年四月一日の予定であり、すでに二〇〇〇年二月一六日には法律を具体化する政令(施行令)が制定されている。

2　情報公開法の基礎理論

情報公開の目的

情報公開法は、第一章「総則」の冒頭、第一条で、「この法律は、国民主権の理念にのっとり、行政文書の開示を請求する権利につき定めること等により、行政機関の保有する情報の一層の公開を図り、もって政府の有するその諸活動を国民に説明する責務が全うされるようにするとともに、国民の的確な理解と批判の下にある公正で民主的な行政の推進に資することを目的とする」と定める。

やや複雑な構造になっているが、この法律は、「政府の有するその諸活動を国民に説明する責務が全うされるようにする」ことと「国民の的確な理解と批判の下にある公正で民主的な行政の推進に資すること」を目的としており、そのために、「行政文書の開示を請求する権利につき定めること等により、行政機関の保有する情報の一層の公開」をはかることが想定されている。そして、それが「国民主権の理念」にのっとるものだとされている。

ここに明らかにされているように、情報公開法は、「説明責任」という考え方を重視している。国民主権の理念のもとでは、行政機関は国民の代表者からなる国会の制定した法律を執行する責務を負っており、その意味で行政機関は国民に自己の活動を説明する責任を有していると考えられる。この説明責任を果たすために情報公開をはかるというのが、この情報公開法の目的なのである。

明記されなかった国民の「知る権利」

実は、この目的規定こそが、制定の過程で最も議論となったものであった。というのは、そこに国民の「知る権利」という考え方が明記されていないからである。

すでに見たように、情報公開は民主主義において不可欠な制度であり、アメリカでは情報公開法は、国民の「知る権利」を前提に、政府の活動を知るという公衆の権利を保障したものだと考えられている。日本の場合も、日本国憲法が国民主権を宣言し、代表民主制にたつことを明らかにして、しかも国民に表現の自由を保障しているのであるから、情報公開法は当然国民の知る権利に仕えるものと考えられる。

もともと憲法第二十一条が、言論、出版その他一切の表現の自由を保障しているのは、単にいいたいことを自由にいわせることが望ましいからではなく、それが民主主義において不可欠な権利だからである。アメリカの最高裁判所は、「知る権利」運動を受けて、何よりも公共的事項については討論が広く開かれていることが重要であり、これが表現の自由を保障した修正第一条の「中核的意味」だとするに至っている。実際、表現の自由は、国民が政治に参加し国政を決定するうえで不可欠な権利であり、その意味では公共的事項に関わるかどうかを問わず、すべての表現の自由が民主主義の不可欠の構成的権利だと考えなければならない。

このことは、すでに日本でも、最高裁判所によって承認されている。最高裁判所は、「主権が国民に属する民主制国家は、その構成員である国民がおよそ一切の主義主張等を表明するとともにこれらの情報を相互に受領することができ、その中から自由な意思をもって自己が正当と信ずるものを採用することにより多数意見が形成され、かかる過程を通じて国政が決定されることをその存立の基礎としているのであるから、表現の自由、とりわけ、公共的事項に関する表現の自由は、特に重要な憲法上の権利として尊重されなければならないものであり、憲法二一条一項の規定は、その核心においてかかる趣旨を含むものと解される」と述べているのである（北方ジャーナル事件・最大判一九八六年六月一一日民集四〇巻四号八七二頁）。

しかし、表現する自由を確保するためには、表現を受領する自由、表現のために情報を収集する自由も保護されなければならない。つまり、表現の自由は、情報の収集・伝達・受領という情報の自由な流通なくしてはありえないのである。それゆえ、憲法第二十一条の表現の自由には、「知る権利」が含まれると考えられなければならない。

実際、最高裁判所も、すでに報道機関による報道について、それが「民主主義社会において、国民が国政に関与するにつき、重要な判断を提供し、いわゆる国民の『知る権利』に奉仕するもの」と述べ、原理としては国民の「知る権利」を承認している（博多駅テレビフィルム提出命令事件・最大決一九六九年一一月二六日刑集二三巻一一号一四九〇頁）。さらに最高裁判所は、情報を受領する自由が「民主主義社会における思想及び情報の自由な伝達、交流の確保という基本的原理を真に実効あるものたらしめるため」に必要だとして、これを認めているし（最大判一九八三年六月二二日民集三七巻五号七九三頁）、また情報を収集する自由（取材の自由）についても、憲法第二十一条の精神に照らし十分に尊重に値するものと認めている（博多駅テレビフィルム提出命令事件決定）。

だがそうだとすると、国民には、政府に対し政府情報の公開を求める権利（狭義の「知る権利」）もが認められるべきである。たしかに表現の自由は、もともとは政府によって自由な表現活動を妨げられないという意味で「自由権」であった。しかし、政府の活動について情報が与えられることは、そのような自由な表現活動を行うために不可欠である。それゆえ、表現の自由を真に確保するためには、政府情報の公開を求める権利という「請求権」が保障されなければならないのである(アメリカの「情報の自由」は、これに当たる)。

ただ、この意味での「知る権利」は、その請求権としての性格のゆえに、法律や条例による具体化なく直ちに裁判所に訴訟を提起して、政府情報の公開を求めうる権利と考えることは困難である(ただし、憲法は第五十七条で国会の情報公開を義務づけているし、第八十二条は裁判の公開を定めているので、この場合には国民は法律や条例の規定がなくとも憲法第二十一条に基づいて情報の公開を求めうるというべきである)。そのような国民の「知る権利」を具体化したものが、情報公開法である。

したがって、情報公開法を制定するのであれば、当然目的規定のなかに国民の「知る権利」という考え方が明記されるべきであったように思われる。

なぜ「知る権利」は明記されなかったのか

ところが、法案のもととなった要綱案は、知る権利の明記を拒んだ。その理由は、要綱案とともに公表された「考え方」によれば、知る権利の意味があいまいであって、それが認められるかどうか、認められるとしてその具体的内容について学説の間にコンセンサスがなく、また最高裁判所の判例によってもまだ認められていないから、と説明されている。

しかし、知る権利があいまいだというなら、「説明責任」の方がもっとあいまいである。実際、「説明責任」という言葉は、情報公開法の過程で急にでてきたもので、その意味についてはほとんどこれまで議論などなかった。「国民主権の理念」に至っては、知る権利以上に学説が対立しており、「国民主権」ならよくて「知る権利」ではだめだといわれる理由が分からない。しかも、知る権利についてはすでに憲法学ではこれを認める見解が支配的である。たしかにまだコンセンサスはないといえようが、実際学説のコンセンサスがあるような事柄はほとんど存在しない。また、学説のコンセンサスがないことは、立法化の妨げとなるものではない。同様に、最高裁判所の判例によって承認されていないことは、これも立法化の妨げとなるものではない。それゆえ、知る権利を明記しなかった理由として「考え方」があげる根拠はいずれも説得力に欠ける。

これに対し、知る権利が明記されているかどうかは実際上何の違いももたらさないので、知る権利にこだわる必要はないとの意見もある。しかし、目的規定に知る権利を明記するということは、情報公開法が知る権利を具体化する法律であることを明確にし、同法の規定の解釈に際しては憲法の知る権利を踏まえて解釈すべきことを明確にする意味をもつ。知る権利は、解釈基準として機能するのである。それゆえ、とりわけ同法の不開示情報の規定の解釈に際しては、国民の知る権利を踏まえて狭く解釈することが要請される。そして、場合によっては、開示拒否決定を憲法違反と問う可能性もでてくる。それによって、開示拒否決定を憲法違反として最高裁判所まで争う可能性も保障されるのである。

しかも、説明責任と知る権利では、見る視点が違う。説明責任は行政機関の側からの視点である。知る権利はそうではなく、むしろ開示を請求する国民の視点である。しかも、説明責任は、説明すればよいのであるからすべての情報をそのまま公開しなければならないということにはならない。知る権利は、説明してもらう権利ではなく、自分で直接見て自分で監視する権利なのである。情報公開法が知る権利を避けて、説明責任を強調しているのは、残念ながら、知る権利のそのようなニュアンスを排除する意味をもっているように思われてならない(情報公開法が、要綱案にあった「国民による行政の監視・参加の充実に資する」から、「国民の的確な理解と批判の下にある公正で民主的な行政の推進に資する」へと表現を修正したのも、同じように行政の視点だといわざるをえまい)。

しかし、いずれにせよ、情報公開法は国民の知る権利を否定したわけではない。制定過程でも、実質的にこれは国民の知る権利を保障したものだと説明もされている。それゆえ、明記されてはいなくても情報公開法は国民の知る権利を具体化した法律だと解すべきである。そして、将来的には附則で定められた見直しの際にぜひ法律にその旨明記してもらいたいものである。

情報公開と公務員の守秘義務

このような情報公開は、公務員の守秘義務とどのような関係に立つのであろうか。

国家公務員法は、国家公務員に対し職務上知りえた秘密を漏らすことを禁止して守秘義務を定めており(第百条第一項)、これに違反した場合には刑罰を受けるおそれがある(第百九条)。また、当然のことながら守秘義務違反を理由として懲戒処分を受けるおそれもある。そこで問題となるのは、公務員が情報公開法に従って情報を公開した場合にも、守秘義務違反に問われるおそれがあるのかどうかである。

この問題は、すでに地方公共団体で情報公開条例が導入されたときに問題とされた。地方公務員法も地方公務員に同じように守秘義務を課しており(第三十四条第一項)、情報公開条例によって情報を公開する地方公共団体の職員には、同じように刑罰(第六十条第二号)や懲戒処分を受けるおそれがあったからである。

もともとこのような問題は、公務員の守秘義務が、情報公開のことなど想定せず、その義務の構造も範囲も不明確なまま今日まで来てしまったことによって生じたものである。それゆえこの問題を考えるとき、憲法第二十一条の表現の自由の保障の趣旨に立ち戻って、公務員の守秘義務の構造を考え直す必要がある。

公務員がどのような行為を行ったときに守秘義務違反として処罰されうるかについては、とりわけ職務上知りえた「秘密」の意味をめぐって問題とされてきた。

この点最高裁判所は、外務省秘密漏洩事件決定において、公務員を守秘義務違反で処罰するためには、漏らしたとされる情報が形式的に秘密指定を受けているだけでは足りず、実質的にも秘密に値するものでなければならないと判断している(最一小決一九七八年五月三一日刑集三二巻三号四五七頁)。それゆえ、公務員を守秘義務違反で処罰するには、漏らしたとされる情報が形式的に秘密として指定されていることに加えて、それが実質的にも秘密として保護に値すること、すなわちそれがまだ公知の情報ではないこと(非公知性)、秘密として保護の必要性があること(必要性)、そしてそれを秘密として保護することが相当であること(相当性)の三要件が満たされなければならない。

先に述べたような立場では、そもそも原理的には政府に関するすべての情報は本来公開されるべきであり、国民の知る権利を具体化した法令がない限り直ちに政府情報の公開を求めて裁判所に訴訟を提起することはできないとしても、政府がその情報の公開を禁止し、その違反行為に対して刑罰を加えることは、憲法第二十一条の要件を満たさない限り許されないものと考えるべきである。それゆえ、最高裁判所のいうように、公務員を守秘義務違反で処罰するためには、形式的に秘密として指定されているだけでは足りず、実質的にも秘密として保護するに値するものでなければならないというべきである。

では、情報公開法に従って職員が情報を公開した場合に、守秘義務違反となる可能性はあるのであろうか。

ここで問題となるのが、情報公開制度のもとで開示ないし公開の例外とされる情報(情報公開条例では非開示事由とか非開示情報と呼ばれてきたが、情報公開法は不開示情報という言葉を使っている)を定めた規定の性格である。というのは、従来この点について、地方公共団体では、情報公開条例の定める例外事由について、情報の公開義務を免除したものであって、公開を禁止したものではないと解されてきた(ただし、これが情報の裁量的公開を授権したものかどうかについては意見が分かれてきた。この点についてはあとで触れる)。したがって、ここでは条例のもとで非開示情報に該当する情報を誤って公開したとしても、守秘義務違反の問題は生じないと考えることができた。

ところが、国の情報公開法第五条については、要綱案に対する「考え方」が、この規定は不開示情報の公開を禁止したものだとしており、これを支持する解釈が一部に示されている。この見解に従えば、不開示情報については開示が禁止されているので、その解釈を誤って公開した場合には、守秘義務違反の責任が生じうることになる。

しかし、このような解釈は、情報公開法を国家秘密保護法へと転化させるものであり、情報公開法の目的にも文言にもそぐわない。あくまで不開示情報は、情報公開の義務を免除したにすぎないと解すべきである。

それゆえ、情報公開法のもとで開示を求められている文書が、法律によって公開を禁じられた文書であるか、秘密指定権をもつ者によって正当な手続と正当な基準に基づいて適法に秘密指定されていない限り、それを開示することは守秘義務違反の問題を生じさせない。また、たとえ開示請求対象文書が「秘密」に当たっても、情報公開法に基づく開示請求に対して開示することは「漏らした」には当たらないというべきである。それゆえ、情報公開法に基づいて情報を公開している限り、公開すべきではない情報を誤って公開して処分を受ける可能性は残されるとしても、守秘義務違反で刑罰を受けるべきではないように思われる。

情報公開制度と個人情報保護制度の関係

情報公開法と同様、行政機関の保有する行政情報に対して開示請求権を保障した制度として個人情報保護制度がある。これは、国の個人情報保護法や地方公共団体の個人情報保護条例に基づき、個人が自己情報について開示を請求できる制度である。そこで問題となるのは、両者の関係をどのように理解するかである。

この点、情報公開法は、開示請求対象文書に、個人に関する情報で、特定個人が識別されるか、識別されうるものが含まれている場合、不開示情報に当たるとして開示を拒否しうると定めている。では、その情報の本人から請求があった場合も、行政機関は個人情報に当たることを理由に開示を拒否できるであろうか。

これについては、考え方が分かれている。一つの考え方は、情報公開制度と個人情報保護制度は別の趣旨に立っていると考え、たとえ個人情報の本人からの請求であっても、個人情報については開示を拒否しうると考える。情報公開制度は、情報を誰にでも公開する制度であるが、個人情報保護制度は個人情報をその主体本人だけに「開示」する制度であって、情報公開法のもとで開示請求者だけに「開示」することはできないというのである。

これに対しもうひとつの考え方は、個人情報の不開示事由はもともとプライヴァシーの権利保護を目的としていたのであるから、本人からの請求であればプライヴァシーの侵害はなく、それゆえ開示を拒否すべき理由はないという。そして情報公開制度と個人情報保護制度の趣旨を先の見解のように峻別する理由はなく、情報公開法のもとでも、開示請求者だけに開示してもかまわないという。

地方公共団体の条例についても、支配的な立場は、前者の立場に立ち、情報公開は開示請求者が誰であるかを考慮しないで情報を公開する趣旨であるから、たとえ本人からの開示請求であっても個人情報については開示を拒否しうるというものである。ただ、後者の立場に立って、本人からの請求の場合には個人情報であることを根拠として開示を拒否しえないとする判例が一部にあり(たとえば大阪高判一九九六年九月二七日判例タイムズ九三一号一八八頁(診療報酬明細書))、学説のなかにもそのような考え方を支持する声がある。

これについて情報公開法には、特段の規定は置かれていない。ただ情報公開法のもととなった要綱案に対する「考え方」では、情報公開法は前者の考え方に立って、たとえ個人情報の主体本人からの請求であっても、情報公開制度は誰にでも情報を公開する制度であるから、開示は認められないとしている。

やはり両制度の趣旨は異なり、情報公開制度は、誰にでも情報を公開する制度であり、特定の開示請求者にだけ情報を開示するというのは制度の趣旨に沿わないように思われる。それゆえ、個人情報については、本人からの請求でも開示は認められないと考えるべきであろう。

この問題は、国の個人情報保護法があまりに欠陥だらけのうえに、地方公共団体でも個人情報保護条例がないところがあることから生じたものである。その欠陥を情報公開法ないし情報公開条例で埋め合わせようとする意図はわかるが、むしろ必要なのは、個人情報保護制度を整備して、個人情報の本人開示請求権を保障することだというべきであろう。現在、国の個人情報保護制度の見直しが進められていることに注目することにしよう。

II　どんな情報に開示請求できるか

1　情報公開の対象機関は何か

対象となるのはどの機関か

情報公開法は、「行政機関」の保有する行政情報に対して、開示請求権を保障している。ここでいう「行政機関」については、第二条第一項が、「この法律において『行政機関』とは、次に掲げる機関をいう」として、次の各号をあげている。

「一　法律の規定に基づき内閣に置かれる機関(内閣府を除く。)及び内閣の所轄の下に置かれる機関

二　内閣府、宮内庁並びに内閣府設置法(平成十一年法律第八十九号)第四十九条第一項及び第二項に規定する機関(これらの機関のうち第四号の政令で定める機関が置かれる機関にあっては、当該政令で定める機関を除く。)

三　国家行政組織法(昭和二十三年法律第百二十号)第三条第二項に規定する機関(第五号の政令で定める機関が置かれる機関にあっては、当該政令で定める機関を除く。)

四　内閣府設置法第三十九条及び第五十五条並びに宮内庁法(昭和二十二年法律第七十号)第

十六条第二項の機関並びに内閣府設置法第四十条及び第五十六条(宮内庁法第十八条第一項において準用する場合を含む。)の特別の機関で、政令で定めるもの

五　国家行政組織法第八条の二の施設等機関及び同法第八条の三の特別の機関で、政令で定めるもの

六　会計検査院」

このうち、第一号、第三号、第五号、第六号が制定当時の情報公開法のそれぞれ第一号から第四号であるが、その後の改正で修正されるとともに、第二号および第四号が付加されたものである。

どうしてこんなにややこしいのか

これらの「行政機関」は、開示請求の対象機関となると同時に、開示請求に対する判断主体となる。したがって、どのレベルで決定が行われるかを示すために、こんなにややこしい規定となったわけである(次頁図1参照)。

つまり、たとえば第一号で「法律の規定に基づき内閣に置かれる機関」から「内閣府」が除かれているが、内閣府は第二号に列挙されている。つまり内閣府は、第一号ではなく第二号の機関として、開示請求を受け開示決定をするのである。

図1　対象となる「行政機関」

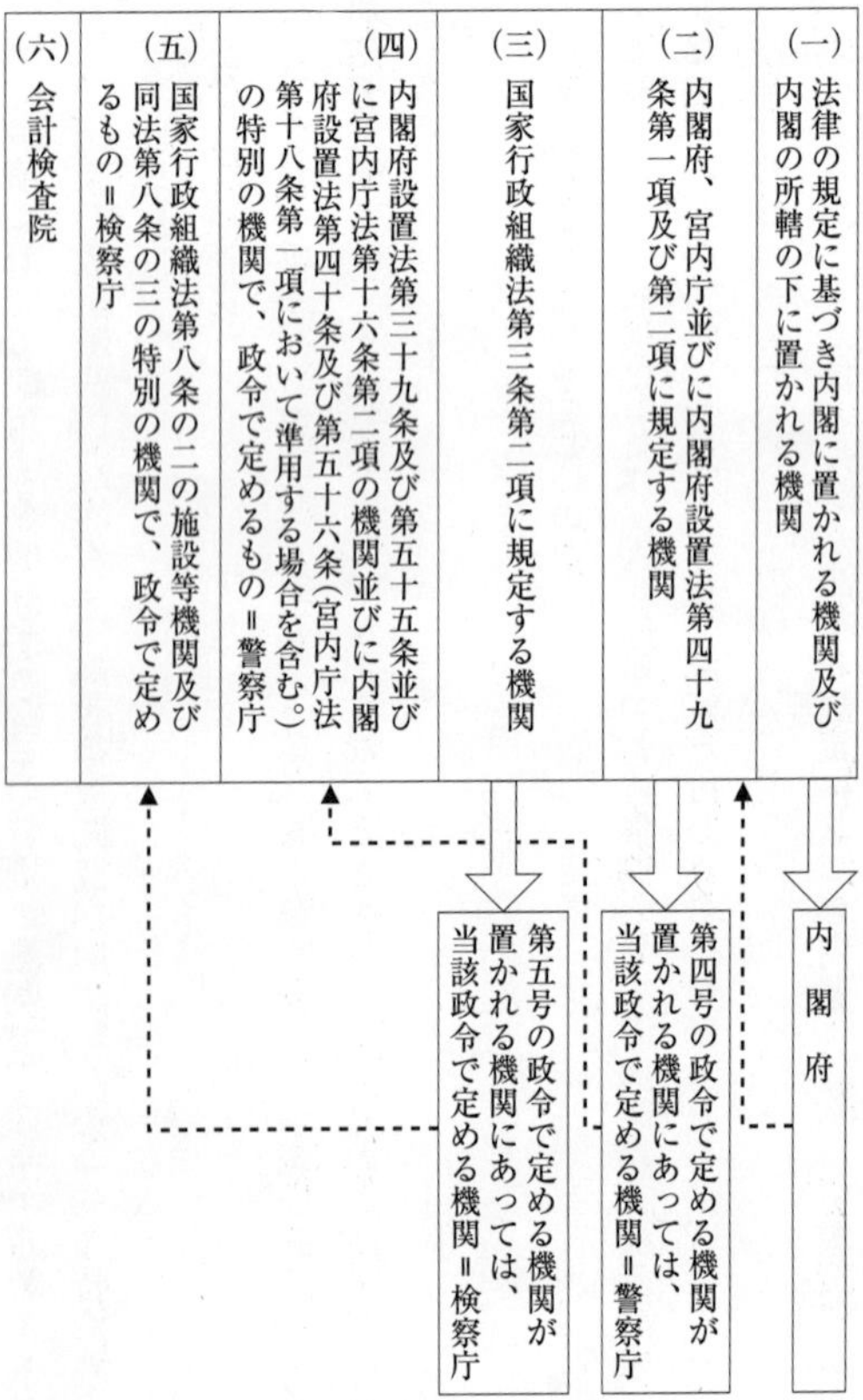
(一) 法律の規定に基づき内閣に置かれる機関及び内閣の所轄の下に置かれる機関
(二) 内閣府、宮内庁並びに内閣府設置法第四十九条第一項及び第二項に規定する機関
(三) 国家行政組織法第三条第二項に規定する機関
(四) 内閣府設置法第三十九条及び第五十五条並びに宮内庁法第十六条第二項の機関並びに内閣府設置法第四十条及び第五十六条(宮内庁法第十八条第一項において準用する場合を含む。)の特別の機関で、政令で定めるもの＝警察庁
(五) 国家行政組織法第八条の二の施設等機関及び同法第八条の三の特別の機関で、政令で定めるもの＝検察庁
(六) 会計検査院
内閣府
第四号の政令で定める機関が置かれる機関にあっては、当該政令で定める機関＝警察庁
第五号の政令で定める機関が置かれる機関にあっては、当該政令で定める機関＝検察庁

同様に、第二号で、「内閣府設置法第四十九条第一項及び第二項に規定する機関」のなかから、「第四号の政令で定める機関が置かれる機関にあっては、当該政令で定める機関」を除くとされ、政令により警察庁が定められている結果、警察庁に関する情報は、内閣府設置法第四十九条第一項により設置される国家公安委員会ではなく、第四号により警察庁に開示請求し、警察庁が開示決定をすることとなった。他方、同様に内閣府設置法第四十九条第一項により内閣府に設置されている防衛庁に関しては、第四号の政令で自衛隊があげられていないので、自衛隊に関する情報は自衛隊ではなく防衛庁に開示請求し、防衛庁が開示決定をすべきことになるのである。

また第三号で「第五号の政令で定める機関が置かれる機関にあっては、当該政令で定める機関」を除くとされており、第五号の「国家行政組織法第八条の三の特別の機関で、政令で定めるもの」として、後述するように政令により検察庁があげられている。それゆえ、政令によってここにあげられなかった場合には、検察庁に関する情報は、第三号により「国家行政組織法第三条第二項に規定する機関」である法務省に対して請求しなければならなかったが、第五号により、検察庁に関する情報は法務省ではなく検察庁が開示決定をすることとなり、開示請求も法務省ではなく検察庁にしなければならなくなったわけである。

あとで述べるように、請求先を間違えるといけないので、この仕組みをよく理解する必要がある。

どう評価したらよいのか

一般に、地方公共団体で情報公開条例が制定されたとき、情報公開の対象機関は、「実施機関」と呼ばれ、都道府県では都道府県の知事、教育委員会、選挙管理委員会などの外局が「実施機関」とされていた。しかし、都道府県の情報公開条例では、公安委員会は例外なく実施機関に入れられてはいなかった。これは、警察の活動が全国的な性格をもつことが多いうえに、捜査に関する情報など非公開とせざるをえないものが多かったため、条例制定を優先し、公安委員会および警察の情報を対象とすることをあきらめざるをえなかったためである。

その結果、公安委員会や警察に対しては情報公開条例が適用されず、警察に関する情報を公開請求することはできない結果となった(ただし、警察が実施機関になっていなくても、警察関係の文書を予算執行などのため知事部局が保有している場合、情報公開条例の適用を認めて原則として開示を求める下級審判決が相次いでいる。その結果、部分的であるが、警察関係の旅費や接待費などについても情報公開が認められるようになっていることが注目されよう)。

この点、情報公開法の制定の過程でも、防衛庁や警察庁は一括して情報公開法の適用除外としてほしいと主張していたようであるが、結局国のすべての行政機関は対象機関とすることで決着が付き、現在のような形になったわけである。

国の情報公開を定めるうえで、防衛庁や警察庁に関する情報が一括して適用除外されてしまっては情報公開は存在意義を失ってしまう。その意味では、情報公開法がこれらの機関を含めてすべての行政機関を対象機関と定めたことは評価されよう(逆に、これを機会に地方公共団体の情報公開条例でも公安委員会を実施機関に加えるべきであろう)。

情報公開法は、国の「行政機関」に対してしか適用されない。それゆえ、国会や裁判所は対象機関とはされていない。

この点、制定過程では、とりわけ国会については情報公開法の対象機関とすべきではないかが問題とされた。地方公共団体の情報公開条例では、地方議会を実施機関に加えるかどうか扱いが分かれており、市のレベルの情報公開条例ではこれを実施機関に加えているところも少なくなかったが、都道府県のレベルでは必ずしも多くはなかった。ただ、情報公開を求める声の高まりに伴い、条例を改正して実施機関に加えるところや、議会自身の情報公開を定める条例を制定するところなども現れていた。

たしかに、国会や裁判所についても情報公開の必要性は否定できない。しかし、国会や裁判所と行政機関とは異なっており、それらをすべて一つの法律で規律するには無理がある。それゆえ、国会や裁判所の情報公開は別途はかる方が妥当であろう。したがって、情報公開法が行政機関だけを対象機関としたことは責められまい。

ただし、国会や裁判所が作成した文書などを行政機関が保有している場合には、当然その文書は公開請求の対象となる。不開示情報に当たらない限りは、これらも公開されなければならない点に注意すべきであろう。

具体的にはどうなるのか

まず第一号の「法律の規定に基づき内閣に置かれる機関(内閣府を除く。)及び内閣の所轄の下に置かれる機関」のうち、「法律の規定に基づき内閣に置かれる機関」としては、内閣官房、内閣法制局、安全保障会議がある。すでに見たように、内閣府はこれから除かれており、第二号により情報公開法の対象機関となる。そして、「内閣の所轄の下に置かれる機関」としては、人事院がある。

次に第二号の「内閣府、宮内庁並びに内閣府設置法(平成十一年法律第八十九号)第四十九条第一項及び第二項に規定する機関」は、一九九九年七月一六日に内閣府設置法により内閣府が設置されたことに伴い改正されたものである。内閣府設置法第四十九条第一項および第二項に規定する機関としては、国家公安委員会、防衛庁、防衛庁に置かれる防衛施設庁、および金融庁がある。すでに見たように、「これらの機関のうち第四号の政令で定める機関が置かれる機

図2　国家行政組織法第三条第二項に規定する機関（施行後）

省	委員会	庁
総務省	公正取引委員会 公害等調整委員会	郵政事業庁 消防庁
法務省	司法試験管理委員会 公安審査委員会	公安審査庁
外務省		
財務省		国税庁
文部科学省		文化庁
厚生労働省	中央労働委員会	社会保険庁
農林水産省		食糧庁 林野庁 水産庁
経済産業省		資源エネルギー庁 特許庁 中小企業庁
国土交通省	船員労働委員会	気象庁 海上保安庁 海難審判庁
環境省		

関にあっては、当該政令で定める機関を除く」とされており、政令により警察庁が定められた結果、警察庁については国家公安委員会ではなく、第四号により警察庁が対象機関となる。

第三号の「国家行政組織法（昭和二十三年法律第百二十号）第三条第二項に規定する機関」は、国家行政組織法別表第一に掲げられている府、省、委員会および庁を指す。周知のように中央省庁等改革の一環として、国の行政組織は大きく変更されることが予定されており、内閣法の一部を改正する法律施行後は、「省、委員会及び庁」となり、この機構は図2のようになることが予定されている。ただし、「第五号の政令で定める機関が置かれる機関にあっては、当該政令で定める機関を除く」とされており、政令により検察庁がこれにあげられた結果、検察庁は第五号により対象機関となることとなった。

第四号の「内閣府設置法第三十九条及び第五十五条並びに宮内庁法(昭和二十二年法律第七十号)第十六条第二項の機関並びに内閣府設置法第四十条及び第五十六条(宮内庁法第十八条第一項において準用する場合を含む。)の特別の機関で、政令で定めるもの」も、制定後の改正で加えられたものである。これには内閣府設置法第三十九条および第五十五条により内閣府に設置される審議会、委員会および庁に設置される施設等機関、宮内庁法第十六条第二項により置かれる文教研究施設および作業施設、内閣府設置法第四十条および第五十六条の特別の機関で、政令で定めるものとして政令で定められた警察庁がある(施行令第一条第一項)。

第五号の「国家行政組織法第八条の二の施設等機関及び同法第八条の三の特別の機関で、政令で定めるもの」のうち、前者として政令では国立大学、大学共同利用機関、大学評価・学位授与機構、国立学校財務センターの四つの機関が(同条第二項)、後者として検察庁があげられている(同条第三項)。

第六号にあげられている「会計検査院」は、憲法上設けられた特別の機関で本来的には「行政機関」ではないが、会計検査院も情報公開法の適用を受け入れたため、形式的に「行政機関」としてあげられている。ただし、その特殊性のゆえに、開示拒否決定に対し不服申立てがあった場合の行政上の救済の仕組みについて、後述するように特別な規定が置かれている(一六四頁参照)。

なお、これらの規定から明らかなように、「内閣」それ自体は、情報公開法の対象機関とはされていない。ただし、閣議に関する情報は、内閣官房が保有しているので、開示請求の対象となりうる。諸外国のなかには閣議に関する情報を一括して適用除外としているところもあるが、日本の情報公開法は原則的に対象とし、個別的に開示が妥当かどうか判断する仕組みをとったことになる。

何か欠けていないか

このように国のすべての行政機関が対象機関とされたことは評価できる。だが、何か欠けていないだろうか。

そう、実は、行政の役割を担うために政府の外に設立されているさまざまな法人、いわゆる「特殊法人」等が、対象機関にはあげられていないのである。

これらの法人は、厳密にいうと、「特殊法人」と呼ばれるものに加え、「認可法人」とか「公益法人」と呼ばれるものを含み、そして情報公開法制定後導入された「独立行政法人」もこれに含まれる。公団、事業団、営団や、核燃料サイクル開発機構(旧動燃)、日本銀行など、日本の行政を語るときに、これらの特殊法人等が果たしている役割には無視できないものがある。当然これら特殊法人等の情報公開もはかることが必要であった。

そこで制定過程では、特殊法人へも情報公開法を適用すべきだという批判が生じた。実際、アメリカの情報公開法では、「政府の支配する法人」も同法の適用対象機関にあげられている。ところが地方公共団体では、情報公開条例で一般に外郭団体や第三セクター事業などには条例が適用されなかった。その結果、バブル経済の頃の無謀な開発計画などで破綻したりしても、その責任が十分に明らかにされなかったり、土地開発公社のように地方公共団体が一〇〇％出資していて、大量の不良資産を抱え財政的に危機に陥っているのではないかとの指摘があっても、その実態は明らかにされなかった。このことから考えれば、国の特殊法人等の情報公開の必要性は一層明らかであった。

ところが、要綱案は特殊法人への適用をあきらめ、結局情報公開法は、第四十二条で特殊法人の「性格及び業務内容に応じ、特殊法人の保有する情報の開示及び提供が推進されるよう、情報の公開に関する法制上の措置その他の必要な措置を講ずるものとする」と定めるにとどまった。これは特殊法人には多種なものがあり、一律に情報公開法を適用することは困難と判断したためであった。

しかし国会で野党からこの点を強く追及され、結局附則の第二項で、「政府は、特殊法人の保有する情報の公開に関し、この法律の公布後二年を目途として、第四十二条の法制上の措置を講ずるものとする」と定められるに至った。

たしかに特殊法人等には多種多様なものがあり、一律に情報公開法を適用するのは困難だったかもしれない。だがそのことは特殊法人等への情報公開法の適用を見送る根拠とはならないように思われる。アメリカのように、少なくとも政府が実質的に支配しているような特殊法人等は、情報公開法の対象機関とすべきだったように思われる。

いずれにせよ、情報公開法制定後、独立行政法人の導入により、第四十二条は、「政府は、独立行政法人(独立行政法人通則法(平成十一年法律第百三号)第二条第一項に規定する独立行政法人をいう。以下同じ。)及び特殊法人(法律により直接に設立された法人又は特別の法律により特別の設立行為をもって設立された法人であって、総務省設置法(平成十一年法律第九十一号)第四条第十五号の規定の適用を受けるものをいう。以下同じ。)について、その性格及び業務内容に応じ、独立行政法人及び特殊法人の保有する情報の開示及び提供が推進されるよう、情報の公開に関する法制上の措置その他の必要な措置を講ずるものとする」と修正され、附則第二項も、「政府は、独立行政法人及び特殊法人の保有する情報の公開に関し、この法律の公布後二年を目途として、第四十二条の法制上の措置を講ずるものとする」と修正されている。そして現在政府は、これを受けて、特殊法人等の情報公開に関する情報公開法の制定に向けて準備を進めている(二一〇頁参照)。早急に、特殊法人等についても情報公開制度が確立されることを期待したい。

2　対象となる情報は何か

「行政文書」

情報公開法は、情報公開の対象となる情報を「行政文書」と表現している。他の国と比較すると、情報公開制度を樹立する際に、文書などの媒体そのものを公開する仕組みにするところと、情報そのものを公開する仕組みにするところに分かれているが、日本は前者のアプローチをとったことになる。

これはアメリカの情報公開法のとるアプローチでもあるし、地方公共団体の情報公開条例でとられていたアプローチでもある。アメリカでは、「行政機関の記録」に対して開示請求が認められ、地方公共団体では、一般に「公文書」に対して開示請求が認められていたからである。では、そこでいう「行政文書」とはどのような意味であろうか。情報公開法第二条第二項は、次のように定めている。

「この法律において『行政文書』とは、行政機関の職員が職務上作成し、又は取得した文書、図画及び電磁的記録(電子的方式、磁気的方式その他人の知覚によっては認識することができない方式で作られた記録をいう。以下同じ。)であって、当該行政機関の職員が組織的に用いるものとして、当該行政機関が保有しているものをいう。ただし、次に掲げるものを除く。

一　官報、白書、新聞、雑誌、書籍その他不特定多数の者に販売することを目的として発行されるもの

二　政令で定める公文書館その他の機関において、政令で定めるところにより、歴史的若しくは文化的な資料又は学術研究用の資料として特別の管理がされているもの」

それゆえ、この「行政文書」に対してのみ開示請求が可能である。

どう評価すればよいのか

この情報公開法の定義は、かなり高く評価できる。というのは、アメリカでも情報公開法の対象は「行政機関の記録」となっているが、「記録」についての定義はなく、判例によって、一般に行政機関の職員が職務上作成・受領した文書であって、行政機関が保有しているものがこれに当たると解されてきた。ところが日本の地方公共団体では、職員が職務上作成・受領するすべての文書を「公文書」とするのではなく、決裁とか供覧(閲覧・回覧)などの一定の手続を経たものだけを「公文書」として扱い、情報公開の対象とするのが一般的であった。

その結果、まず第一に、職員が職務上作成または取得したとはいえない個人的な文書やメモ

は「公文書」ではなく情報公開の対象とならないと考えられた。また第二に、職員が職務上作成または取得した文書であっても、決裁や供覧などの手続を経ていないものは正式の公文書ではないとして、これも情報公開の対象とされなかった。

さらに、ほとんどの地方公共団体では、文書が情報公開の対象とされ、これには絵画、図面、写真、フィルム、スライドなどを含むとされていたところが少なくなかったが、録音テープやビデオテープ、さらにはコンピューターの磁気テープなどのいわゆる「電磁的記録」までは対象とされていなかった。その結果、コンピューターのデータなどは、文書にプリントアウトされていれば公開対象となるが、電磁的記録そのものは公開対象とならなかった。この点アメリカの情報公開法は、当初は文書を前提に情報公開を組み立てていたが、判例によってコンピューターデータも「記録」に当たると解されるようになり、結局一九九六年の改正でこのことが明記された。しかし日本では、なかなかこのような改正は行われなかった。

この点、国の情報公開法は、「行政機関の職員が職務上作成し、又は取得した」ものであることは要件としつつも、地方公共団体の情報公開条例のように決裁や供覧の手続を経ていることを要求せず、当該行政機関において組織として用いるものとして保有している場合には、情報公開の対象となることにした。いわゆる「組織共用文書」と呼ばれるものである。実はこれは、先に述べた厚生省の非加熱製剤をめぐるメモを前提にして、このような文書も公開の対象とするために加えられた修正であった。これにより、決裁や供覧などの手続を経ていなくても、組織共用文書は公開されることになったのである。まだ不十分だとの批判もあるが、評価できる。

しかも国の情報公開法は、文書、図画に加え「電磁的記録」も公開の対象となることを明らかにした。インターネットがここまで普及した現在、このような電磁的記録も公開の対象とすべきことはいうまでもない。当然のこととはいえ、地方公共団体の情報公開条例と比較すれば重要な一歩ということができる。

どんな情報が対象となるか

情報公開請求の対象となるのは、まず「行政機関の職員が職務上作成し、又は取得した」ものでなければならない。したがって、職員が個人的に作成したり受領した文書は、これには当たらない。ただし、職員が勤務時間中に作成したり取得した文書は、原則としてこれに当たると考えるべきであろう。

次に、対象となるためには、「文書、図画及び電磁的記録」でなければならない。「電磁的記録」とは、「電子的方式、磁気的方式その他人の知覚によっては認識することができない方式で作られた記録をいう」。すでに述べたように、電磁的記録が対象とされたことは重要な意味をもっている。フロッピーディスク、光ディスクなどがこれに当たる。ビデオテープ、録音テープも、これに含まれる。それゆえ、文書、図画および電磁的記録に当たらない有体物、たとえば博物館の展示物や捜査機関が押収した証拠物などは、これに当たらなければ公開請求の対象とはならない。

第三に、対象となるためには、文書等が「当該行政機関の職員が組織的に用いるものとして」保有されていなければならない。いわゆる組織共用文書であれば、決裁や供覧の手続を経ていなくても情報公開の対象とした点で重要な意味をもっていることは、すでに触れた。職員の個人的な検討段階にとどまる資料は、これには当たらないといわれているが、他の職員との検討に付した場合や、資料として配付された場合は、これに当たるというべきであろう。また、職員の机や戸棚にファイルされていて、他の職員が利用可能であったり、当該職員の移動にもかかわらず引き継がれたような文書は、これに該当すると考えるべきであろう。

もちろん、組織的に用いられていれば、正式の文書かどうかは問わない。他の行政機関が作成した文書のコピーでも、当然これに当たる。またいわゆる「ウラ帳簿」のような類も、これに当たる。

第四に、対象となるためには、当該行政機関が、その文書を「保有」していなければならない。それゆえ、作成・取得されていない文書、いったんは作成・取得されてもその後廃棄されたり、外部に送付された文書は、対象とはならない。情報公開制度は、現に存在する行政文書をそのまま公開する制度であるから、行政機関には、存在しない文書をあらためて作成して請求者に交付する義務はない。

逆に、保有されている限り、過去に作成・取得された文書も公開の対象となる。地方公共団体の条例では、条例施行前の公文書への適用を否定する例が少なくなかったが、この点では、国の情報公開法は情報公開に前向きな姿勢を示したといえる。

除外される情報

情報公開法は、この対象情報から、「一　官報、白書、新聞、雑誌、書籍その他不特定多数の者に販売することを目的として発行されるもの」および「二　政令で定める公文書館その他の機関において、政令で定めるところにより、歴史的若しくは文化的な資料又は学術研究用の資料として特別の管理がされているもの」を除外している。

第一号は、国民に一般に入手可能であって公開請求を保障するまでもないために、除外情報とされたものである。ただ、その趣旨からいえば、あくまで請求の時点で国民が容易に入手可能でない限りは、この除外を認めるべきではあるまい。いったん不特定多数の者に販売することを目的として発行されたが、請求の時点では絶版となっており、公共図書館などにいかないと閲覧できないような場合にも、この適用を認める見解もあるが、妥当とは思われない。情報公開請求があった場合、国民が容易に入手可能であることを行政機関の側で証明できない限り、除外を認めるべきではあるまい。

第二号は、公文書館などにおいて特別な管理をされている歴史的文化的学術研究用資料については、情報公開をそちらに委ねる趣旨で除外とされたものである。これを受けて政令では、国立民族学博物館、国立歴史民俗博物館および「前二号に掲げるもののほか、公文書館、博物館、美術館、図書館その他これらに類する機関であって、保有する歴史的若しくは文化的な資料又は学術研究用の資料について次条の規定による適切な管理を行うものとして総理大臣が指定したもの」の三つを、ここでいう「政令で定める」機関とし（施行令第二条第一項）、これにより指定をした場合は、総理大臣は「当該指定した機関の名称及び所在地を官報で公示するもの」とし、「公示した事項に変更があったとき又は指定を取り消したときも、同様とする」とする（同条第二項）。

そして政令は、

「法第二条第二項第二号の歴史的若しくは文化的な資料又は学術研究用の資料は、次に掲げる方法により管理されているものとする。

一　当該資料が専用の場所において適切に保存されていること。

二　当該資料の目録が作成され、かつ、当該目録が一般の閲覧に供されていること。
三　次に掲げるものを除き、一般の利用の制限が行われていないこと。
イ　当該資料に法第五条第一号から第三号までに掲げる情報が記録されていると認められる場合において、当該資料(当該情報が記録されている部分に限る。)の一般の利用を制限すること。
ロ　当該資料の全部又は一部を一定の期間公にしないことを条件に個人又は法第五条第二号に規定する法人等から寄贈又は寄託を受けている場合において、当該期間が経過するまでの間、当該資料の全部又は一部の一般の利用を制限すること。
ハ　当該資料の原本を利用させることにより当該原本の破損若しくはその汚損を生じるおそれがある場合又は当該資料を保有する機関において当該原本が現に使用されている場合において、当該原本の一般の利用の方法又は期間を制限すること。
四　当該資料の利用の方法及び期間に関する定めが設けられ、かつ、当該定めが一般の閲覧に供されていること。」

と定めている(施行令第三条第一項)。また、「前項に規定する資料は、他の機関(行政機関であるものに限る。)から移管を受けて管理しようとするものである場合には、当該他の機関において、第十六条第一項第八号に規定する保存期間が満了しているものでなければならない」とされている(同条第二項)。なお、施行令で「法」とあるのは、情報公開法を指すので注意されたい。

たしかに、このような扱いは妥当であろう。ただ、公文書館等において適切に情報へのアクセスが認められなければ、この除外規定は情報公開を骨抜きにするおそれがある。一九九九年に公文書館法が制定され、資料の一般公開原則が規定されたが、はたしてそれが十分かどうか疑問の余地がある。これら公文書館等においてどのように資料が公開されるか、注意する必要があろう。

Ⅲ　開示請求の基本的な仕組みはどうなっているのか

1　開示請求の基本的な仕組み

開示請求手続の流れ

情報公開法による開示請求手続の仕組みは、第二章「行政文書の開示」のなかで定められており、その流れは、図3に示すように、開示請求権をもつ人が、当該行政文書を保有する行政機関の長に対して、開示請求をすることによって開始される。

開示請求がなされると、開示請求を受けた行政機関の長は、一定の期間内に、請求の対象となる文書を特定し、そのうえで開示請求対象文書を公開するかどうかを決定しなければならない。この期間は延長可能であり、また一定の場合には一部についてのみ決定を行い、残りについては相当の期間内に決定を行うことも許される。

開示請求対象文書が、他の行政機関によって作成されたような場合、行政機関の長は事案をその行政機関に移送することができる。また、開示請求対象文書に、開示請求者および行政機関以外の第三者に関する情報が記録されている場合は、その第三者に通知し、意見聴取の手続をとることになる。

行政機関の長は、開示請求対象文書に記録された情報が、情報公開法に定める例外事由に該当しない限り、それを公開しなければならない。原則は、あくまで公開である。行政機関の長は、開示請求対象文書に含まれる情報が例外事由に該当する場合や開示請求対象文書が存在しない場合にのみ、開示を拒否することができる。もちろん、例外事由に該当する情報が開示請求対象文書に記録されていても、それを切り離して残りを公開することができるのであれば、残りの部分は公開されなければならない。部分公開と呼ばれるものである。また、稀に、文書の存在自体を回答することが、例外事由によって保護された利益を侵害するような場合、文書の存否を明らかにしないで請求を拒否することもできる。

図3　開示請求の流れ

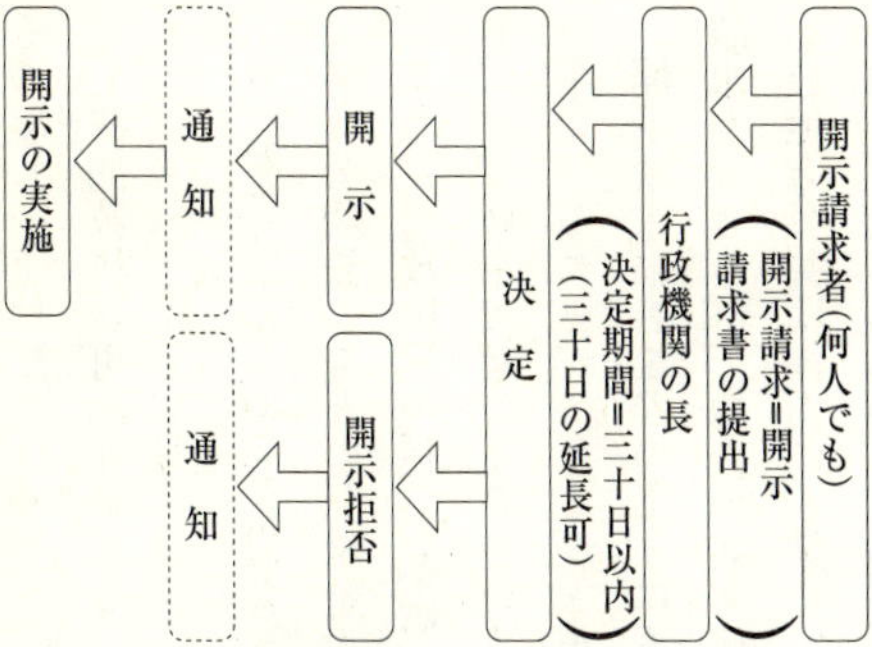

　行政機関の長は、開示または不開示(一般に非開示ないし非公開、あるいは開示拒否ないし公開拒否と呼ばれているものと同じ)の決定を行うと、その決定を開示請求者に通知する。開示決定の場合、開示請求者はあらかじめ申し出た開示の実施の方法に基づいて、開示請求対象文書の閲覧もしくは

その写しの交付を受けることができる。不開示決定の場合には、後に述べる行政上の救済および司法的救済の可能性がある。なお、開示請求および開示の実施には手数料が必要である。

誰が開示請求をすることができるか

情報公開法のもとの開示請求権者について、第三条は、「何人も、この法律の定めるところにより、行政機関の長(前条第一項第四号及び第五号の政令で定める機関にあっては、その機関ごとに政令で定める者をいう。以下同じ。)に対し、当該行政機関の保有する行政文書の開示を請求することができる」と規定する。

開示請求権者をどのようにするのかについては、アメリカの情報公開法では「何人も」公開請求ができるが、地方公共団体の多くにおいては、あくまで住民に限られていた(もっとも、当該地方公共団体内に通学していたり勤務しているなど、一定の実質的な結びつきがあれば開示請求が認められるところが多かった)。これに対し、情報公開法は、アメリカの情報公開法にならって、「何人」に対しても開示請求権を保障したわけである。

情報公開制度が国民主権原理と国民の知る権利に基づくものであるとすれば、必ずしも何人にも開示請求権を保障する必然性はない。ただし、外国人を排除すべき理由もないし、外国人を排除すれば諸外国から日本の閉鎖性を批判されるのは目に見えている。また、特殊な歴史的事情として、日本には多数の在日韓国・朝鮮人が生活しており、これらの人を開示請求権者から排除すべきとは思われない。そうであれば、情報公開法が何人にも開示請求権を保障したことは、妥当な選択であったといえよう。

「何人」でもかまわないから、それゆえ外国人でもかまわない。外国からでも請求は可能である(ただし、後述するように、請求は日本語でしなければならない)。法人でも請求できる。法人格のない社団でもかまわない。

2　どのように開示請求をするか

開示請求書の提出

開示請求をするためには、第四条第一項により、「次に掲げる事項を記載した書面(以下「開示請求書」という。)を行政機関の長に提出してしなければならない」とされている。

「一　開示請求をする者の氏名又は名称及び住所又は居所並びに法人その他の団体にあっては代表者の氏名

二　行政文書の名称その他の開示請求に係る行政文書を特定するに足りる事項」

それゆえ、口頭による開示請求や電話による開示請求は認められない。郵便でも、送ることができる。ただし、ファックスや電子メールによる請求まで認められるかどうか微妙である。なお、この開示請求は日本語で行わなければならないとされている。

開示請求書に記載されていなければならない第一の情報は、「開示請求をする者の氏名又は名称及び住所又は居所並びに法人その他の団体にあっては代表者の氏名」である。開示請求者は誰でもかまわないから本人確認の必要はない。これは連絡のためのものと考えるべきであろう。

開示請求書に記載されていなければならない第二の情報は、「行政文書の名称その他の開示請求に係る行政文書を特定するに足りる事項」である。請求を受けて開示請求対象文書を特定するのは、行政機関の責任である。それゆえ、開示請求者には、行政機関が開示請求対象文書を特定するに足りる程度の合理的な特定性が求められるだけである。当然、具体的な文書名が特定されていなくてもかまわない。

それでも、行政機関の外にいる国民には、行政機関がどのような文書を保有しているのか分からないことも多いであろう。そこで情報公開法は、「行政機関の長は、開示請求書に形式上の不備があると認めるときは、開示請求をした者(以下「開示請求者」という。)に対し、相当の期間を定めて、その補正を求めることができる。この場合において、行政機関の長は、開示請求者に対し、補正の参考となる情報を提供するよう努めなければならない」と補正の可能性を認めるとともに、補正の参考となる情報の提供を求めている(第四条第二項)。この補正は、とりわけ開示請求対象文書について適切な特定が行えなかった場合に有意味であろう。

情報公開法では、この二つ以外の情報の記載は求められていない。それゆえ、請求の目的とか、文書の利用方法とか、これ以外の情報の記載は求められるべきではない。

政令では、これらに加え、「開示請求書には、開示請求に係る行政文書について次に掲げる事項を記載することができる」と定められている(施行令第五条)。

「一 求める開示の実施の方法

二 事務所における開示(次号に規定する方法以外の方法による行政文書の開示をいう。以下この号、次条第一項第三号及び第二項第一号並びに第十一条第一項第三号において同じ。)の実施を求める場合にあっては、当該事務所における開示の実施を希望する日

三 写しの送付の方法による行政文書の開示の実施を求める場合にあっては、その旨」

これは、あとで行政機関の長が開示を決定した場合に開示請求者が開示の実施の方法について申出をすることになっているため、あらかじめ開示請求の際にその希望を聴いておこうという趣旨であり、これは不適切とはいえまい。

誰に対し開示請求するか

請求の相手方は、第三条に定めるように、「行政機関の長(前条第一項第四号及び第五号の政令で定める機関にあっては、その機関ごとに政令で定める者をいう。以下同じ。)」である。政令によれば、第三条の政令で定める者は、次に掲げる者とされている(施行令第四条)。

「一 警察庁にあっては、警察庁長官
二 国立大学にあっては、その大学の学長
三 大学共同利用機関にあっては、その機関の長
四 大学評価・学位授与機構にあっては、その長
五 国立学校財務センターにあっては、その長
六 最高検察庁にあっては、検事総長
七 高等検察庁にあっては、その庁の検事長
八 地方検察庁にあっては、その庁の検事正
九 区検察庁にあっては、その庁の対応する裁判所の所在地を管轄する地方裁判所に対応する地方検察庁の検事正」

請求する相手方の行政機関を間違ったらどうなるのか。行政機関は、あくまでその保有する行政文書について開示義務を負っているので、そのままでは開示請求対象文書を保有していな

いとして、文書不存在で開示拒否決定を受けてしまう。事案の移送が考えられるとの意見もあるが、むしろ補正の手続をとるべきであろう。

原則は開示

行政機関の長は、第五条により、「開示請求があったときは、開示請求に係る行政文書に次の各号に掲げる情報(以下「不開示情報」という。)のいずれかが記録されている場合を除き、開示請求者に対し、当該行政文書を開示しなければならない」。例外とされているのは、以下のものである。

「一　個人に関する情報(事業を営む個人の当該事業に関する情報を除く。)であって、当該情報に含まれる氏名、生年月日その他の記述等により特定の個人を識別することができるもの(他の情報と照合することにより、特定の個人を識別することができることとなるものを含む。)又は特定の個人を識別することはできないが、公にすることにより、なお個人の権利利益を害するおそれがあるもの。ただし、次に掲げる情報を除く。

イ　法令の規定により又は慣行として公にされ、又は公にすることが予定されている情報

ロ　人の生命、健康、生活又は財産を保護するため、公にすることが必要であると認め

られる情報

ハ　当該個人が公務員（国家公務員法（昭和二十二年法律第百二十号）第二条第一項に規定する国家公務員及び地方公務員法（昭和二十五年法律第二百六十一号）第二条に規定する地方公務員をいう。）である場合において、当該情報がその職務の遂行に係る情報であるときは、当該情報のうち、当該公務員の職及び当該職務遂行の内容に係る部分

二　法人その他の団体（国及び地方公共団体を除く。以下「法人等」という。）に関する情報又は事業を営む個人の当該事業に関する情報であって、次に掲げるもの。ただし、人の生命、健康、生活又は財産を保護するため、公にすることが必要であると認められる情報を除く。

イ　公にすることにより、当該法人等又は当該個人の権利、競争上の地位その他正当な利益を害するおそれがあるもの

ロ　行政機関の要請を受けて、公にしないとの条件で任意に提供されたものであって、法人等又は個人における通例として公にしないこととされているものその他の当該条件を付することが当該情報の性質、当時の状況等に照らして合理的であると認められるもの

三　公にすることにより、国の安全が害されるおそれ、他国若しくは国際機関との信頼関係が損なわれるおそれ又は他国若しくは国際機関との交渉上不利益を被るおそれがあると行政機関の長が認めることにつき相当の理由がある情報

四　公にすることにより、犯罪の予防、鎮圧又は捜査、公訴の維持、刑の執行その他の公共の安全と秩序の維持に支障を及ぼすおそれがあると行政機関の長が認めることにつき相当の理由がある情報

五　国の機関及び地方公共団体の内部又は相互間における審議、検討又は協議に関する情報であって、公にすることにより、率直な意見の交換若しくは意思決定の中立性が不当に損なわれるおそれ、不当に国民の間に混乱を生じさせるおそれ又は特定の者に不当に利益を与え若しくは不利益を及ぼすおそれがあるもの

六　国の機関又は地方公共団体が行う事務又は事業に関する情報であって、公にすることにより、次に掲げるおそれその他当該事務又は事業の性質上、当該事務又は事業の適正な遂行に支障を及ぼすおそれがあるもの

イ　監査、検査、取締り又は試験に係る事務に関し、正確な事実の把握を困難にするおそれ又は違法若しくは不当な行為を容易にし、若しくはその発見を困難にするおそれ

ロ 契約、交渉又は争訟に係る事務に関し、国又は地方公共団体の財産上の利益又は当事者としての地位を不当に害するおそれ

ハ 調査研究に係る事務に関し、その公正かつ能率的な遂行を不当に阻害するおそれ

ニ 人事管理に係る事務に関し、公正かつ円滑な人事の確保に支障を及ぼすおそれ

ホ 国又は地方公共団体が経営する企業に係る事業に関し、その企業経営上の正当な利益を害するおそれ」

図4 不開示情報

不開示情報
個人情報(第一号)
法人情報(第二号)
国の安全・外交情報(第三号)
公安情報(第四号)
意思形成過程情報(第五号)
行政執行情報(第六号)

この第五条は、まず原則として開示義務を定めている点で重要な意義をもつ。と同時に、行政機関の長は、同条各号に列挙された例外事由、つまり「不開示情報」に該当する情報が記録されている場合、例外的に不開示とすることができることが明らかにされている。

いかに情報公開が民主主義において不可欠であっても、すべての行政情報を公開することは適切ではない。したがって、情報公開法をもつすべての国において、一定の例外が認められている。日本の情報公開法は、アメリカの情報公開法および日本の地方公共団体の情報公開条例に倣って、一定の列挙された概括的な不開示情報を例外として認めたものである(図4参照)。

3 どんな決定が下されるか

決定の種類

行政機関の長が、開示請求対象文書に不開示情報が何ら含まれていないと判断すれば、文書の開示決定を行う。そうすれば、開示決定が開示請求者に通知され、開示請求者の希望する方法で開示が実施されて、開示請求者は文書を閲覧したり、写しの交付を受けることができる。

これに対し、開示請求対象文書に不開示情報が記録されている場合、行政機関の長は開示拒否(不開示)の決定を下すことになる。ただし、開示請求に関わる行政文書の一部に不開示情報が記録されている場合、その部分を容易に区分して除くことができるなら、残りの部分は公開されなければならない。部分開示と呼ばれる。これは部分的に開示決定で、部分的に開示拒否決定であるが、情報公開法は、これも「開示決定」と扱っている。

開示拒否決定には、これ以外に、開示請求対象文書が存在しないことを理由とする開示拒否決定がある。いわゆる文書不存在と呼ばれるものである。また、きわめて稀な場合であるが、開示請求に関わる文書が存在しているか否かを答えるだけで、不開示情報を開示することとなる場合がある。この場合には、文書の存否を明らかにしないで、開示を拒否することが認められる。文書の存否を明らかにしないでする開示拒否と呼ばれるものである(図5参照)。

行政機関の長は、これ以外の理由で開示拒否をできるであろうか。この点について、行政機関の職務を妨害することを目的とする大量請求などについては、一般の権利濫用の法理に従って、請求を拒否することができるという考え方もある。しかし、このような権利濫用を理由とする開示拒否を認めると、恣意的に開示拒否されるおそれが強い。情報公開法に定めるように、不開示情報への該当と文書不存在以外の理由で、開示拒否を認めるべきではあるまい。

図5　開示決定等の種類

開示決定	全部開示
	部分開示(一部不開示)
不開示決定	不開示情報該当
	文書不存在
	文書の存否を明らかにしないでする開示拒否

部分開示

先に述べたように、開示請求に関わる行政文書の一部に不開示情報が記録されている場合、もしその部分を容易に区分して除くことができるなら、残りの部分を公開しなければならない。部分開示である。情報公開法は、その第六条において、「行政機関の長は、開示請求に係る行政文書の一部に不開示情報が記録されている場合において、不開示情報が記録されている部分を容易に区分して除くことができるときは、開示請求者に対し、当該部分を除いた部分につき開示しなければならない。ただし、当該部分を除いた部分に有意の情報が記録されていないと認められるときは、この限りでない」(第一項)と定めてこのことを明らかにしている。

容易に区分して除くことができないときというのは、区分が不可能な場合と、区分が可能であってもそれを容易に除くことができない場合の双方を含む。「当該部分を除いた部分に有意の情報が記録されていないと認められるときは、この限りでない」とされているのは、もはや残された部分だけ公開しても意味がないため、部分開示も拒むことができるとしたものである。ただし、残された部分に有意の情報が記録されているかどうかの判断は、基本的に開示請求者が行うべきであり、ほとんど黒塗りの文書が公開されたという事実が開示請求者にとっては有意かもしれない。それゆえ、この但し書きの適用には慎重であるべきであろう。

なお、同条第二項は、「開示請求に係る行政文書に前条第一号の情報(特定の個人を識別することができるものに限る。)が記録されている場合において、当該情報のうち、氏名、生年月日その他の特定の個人を識別することができることとなる記述等の部分を除くことにより、公にしても、個人の権利利益が害されるおそれがないと認められるときは、当該部分を除いた部分は、同号の情報に含まれないものとみなして、前項の規定を適用する」と定めて、記録されている不開示情報が個人情報である場合の規定を置いている。一般には、個人に関する情報であっても、特定の個人を識別することとなる記述等の部分を除くことにより、特定個人が識別できなくなるのであれば、不開示情報には該当しないので、この規定がなくても当然部分開示が行われなくてはならない。この規定では「みなして」とされており、これを重視してこの場合には特別に部分開示を認めたものだとの解釈もあるが、当然のことを確認したものにすぎないと考えるべきであろう。

文書不存在を理由とする開示拒否

開示請求対象文書がそもそも存在しないとき、行政機関の長は開示拒否決定を下す。いわゆる文書不存在と呼ばれる。

実は、この場合の扱いについては地方公共団体の条例のもとでバラつきがあり、文書不存在の場合も開示拒否決定を下すところがあったが、文書は存在しないのであるから請求は不適法であり、この場合は請求を受理しないとか、いったん受理しても請求を「却下」して、開示拒否決定とは扱わないところもあった。開示拒否決定と扱われないと、不服申立てもできないし、情報公開審査会への諮問の手続もとられないため、批判も少なくなかった。

というのは、文書不存在の場合にも、文字通り開示請求対象文書が物理的に存在しない場合もあるが、文書としては存在しても、「公文書」ではないとして文書不存在とされる場合もあったからである。このような場合は、行政機関の判断に不服申立ての途を開き、情報公開審査会への諮問の手続を確保する必要性が高い。

情報公開法の場合、対象文書は組織共用文書にまで拡大されているが、それでも地方公共団体の場合と同じ問題が残されている。そこで情報公開法は、文書不存在の場合も、開示拒否決定として扱うことにしたのである。

文書の存否を明らかにしないでする開示拒否

稀な場合であるが、開示請求に対し、当該開示請求に関わる行政文書が存在しているか否かを答えるだけで、不開示情報を開示することとなる場合がある。このとき行政機関の長は、当該行政文書の存否を明らかにしないで、当該開示請求を拒否することができる。文書の存否を明らかにしないでする開示拒否と呼ばれる。

情報公開法は、第八条で「開示請求に対し、当該開示請求に係る行政文書が存在しているか否かを答えるだけで、不開示情報を開示することとなるときは、行政機関の長は、当該行政文書の存否を明らかにしないで、当該開示請求を拒否することができる」と定めて、この措置を明記している。

このような開示拒否は、アメリカの情報公開法では明記されていなかったが、その後判例によって認められるようになったものである(グロマー回答とかグロマライゼーションと呼ばれている)。情報公開法は、それを明文で導入したことになる。

たしかに、開示請求に対し、当該開示請求に関わる行政文書が存在しているか否かを答えるだけで、不開示情報を開示することとなるような場合がある。たとえば、特定の個人に関する逮捕記録の開示請求がその典型である。たとえ記録を非公開としても、記録が存在することが明らかになっただけで逮捕の事実があることが明らかとなってしまい、個人情報の不開示情報が開示されてしまうことになるのである。したがって、このような措置が必要であることは否定できない。ただ、文書の存否を明らかにしないで開示請求を拒否することは、情報公開の趣旨からいえばきわめて重大な例外である。アメリカの判例でも、国家の安全や外交に関する情報やプライヴァシー情報に関するような場合以外には、このような措置は認められていない。それゆえ、認めるとしても、もっと限定して認めた方がよかったように思われる。

裁量的開示

情報公開法第五条は、列挙された不開示情報の「いずれかが記録されている場合を除き、開示請求者に対し、当該行政文書を開示しなければならない」と定める。それゆえ、不開示情報に該当する場合も、公開の義務を免除されているだけで、その情報の公開を禁止されているわけではない。行政機関の長は、不開示情報に該当する情報であっても、他の法律によって公開することを禁じられていない限り、裁量的に開示することは妨げられない。アメリカの情報公開法でもこういう解釈がとられており、地方公共団体の条例のもとでも、一般には例外事由は公開の義務を免除しただけで、公開を禁止したものではないと解されてきた(ただし、裁量的に公開することを授権したものと解するかどうかでは、意見が分かれていた)。情報公開法第七条も「行政機関の長は、開示請求に係る行政文書に不開示情報が記録されている場合であっても、公益上特に必要があると認めるときは、開示請求者に対し、当該行政文書を開示することができる」と定めて、このような裁量的開示を認めている。

この点、すでに述べたように、この不開示情報は開示を禁じたものだとの解釈がある。それによれば、不開示情報に該当する以上原則として開示は許されず、第七条はあえて「公益上特に必要があると認められるとき」に限って裁量的開示を認めたものであるということになる。しかし、このような解釈が妥当でないことはすでに述べたとおりである。不開示情報は、開示義務を免除しただけで、開示を禁止したものではない。それゆえ不開示情報を裁量で公開することは何ら妨げられない。したがって、ここに「特に」とされていることを重視する必要はない。

ただし、第七条をそのまま読むと、個人情報についても他の情報と同じように裁量的開示が可能であるかのように読める。個人情報保護の趣旨から考えると、はたして個人情報についてそのような裁量的開示が妥当かどうか疑問が残るが(それゆえ、規定の仕方としては個人情報については裁量的開示を認めない方がよかった)、個人情報の裁量的開示が可能であるとすれば、その場合には、公益上「特に」必要があると認められるときに限られると考えるべきであろう。

4　行政機関の長はどのようにして決定を行うのか

決定期限

行政機関の長は、この決定を定められた決定期間内に行う必要がある。

情報公開法第十条第一項は、「前条各項の決定(以下「開示決定等」という。)は、開示請求があった日から三十日以内にしなければならない」とする。アメリカの情報公開法が従来日祝日等を除き十日以内(現在は二十日以内)としていたことや地方公共団体の条例では十五日が期限とされているのが多いことから見ると、かなり緩やかな期間設定と思われる。もちろん、決定は速やかに行うべきであって、三十日までかからなければ、それにこしたことはない。

第一項は、「ただし、第四条第二項の規定により補正を求めた場合にあっては、当該補正に要した日数は、当該期間に算入しない」とする。もちろん、補正を求めなかった場合や、補正を求めたが拒否されたような場合は、この規定は適用されない。本文の定める三十日以内に決定することが必要である。

ただし、事案によってはこの期間内に決定を行うことが困難な場合もある。そこで同条第二項は、「前項の規定にかかわらず、行政機関の長は、事務処理上の困難その他正当な理由があるときは、同項に規定する期間を三十日以内に限り延長することができる。この場合において、行政機関の長は、開示請求者に対し、遅滞なく、延長後の期間及び延長の理由を書面により通知しなければならない」とする。

しかも、第十一条はこれに加えて、「開示請求に係る行政文書が著しく大量であるため、開示請求があった日から六十日以内にそのすべてについて開示決定等をすることにより事務の遂行に著しい支障が生ずるおそれがある場合には、前条の規定にかかわらず、行政機関の長は、開示請求に係る行政文書のうちの相当の部分につき当該期間内に開示決定等をし、残りの行政文書については相当の期間内に開示決定等をすれば足りる」と定める。ただしこの場合、「行政機関の長は、同条第一項に規定する期間内に、開示請求者に対し、次に掲げる事項を書面により通知しなければならない。

一　本条を適用する旨及びその理由

二　残りの行政文書について開示決定等をする期限」

とされている。

やむをえないともいえるが、この例外は、一件の開示請求に関わる行政文書が著しく大量である場合に限られ、当該行政機関の抱える全部の開示請求をあわせた行政文書が著しく大量である場合は含まないというべきであろう。また、その趣旨からみて、「相当の部分」や「相当の期間」は厳しく解釈すべきであろう。

事案の移送

「行政機関の長は、開示請求に係る行政文書が他の行政機関により作成されたものであるときその他他の行政機関の長において開示決定等をすることにつき正当な理由があるときは、当該他の行政機関の長と協議の上、当該他の行政機関の長に対し、事案を移送することができる」(第十二条第一項)。ただし、「この場合においては、移送をした行政機関の長は、開示請求者に対し、事案を移送した旨を書面により通知しなければならない」。

この規定により事案が移送されたときは、「移送を受けた行政機関の長において、当該開示請求についての開示決定等をしなければならない」(同条第二項)。もっとも、「移送をした行政機関の長が移送前にした行為は、移送を受けた行政機関の長がしたものとみなす」ものとされている。そして、「移送を受けた行政機関の長が第九条第一項の決定(以下「開示決定」という。）をしたときは、当該行政機関の長は、開示の実施をしなければならない」（同条第三項）。ただし、「この場合において、移送をした行政機関の長は、当該開示の実施に必要な協力をしなければならない」。これは、事案を移送したあとも、開示請求対象文書が請求を受けたもとの行政機関にある場合もあるからである。

第三者に対する意見書提出の機会の付与

開示請求対象文書に、開示請求者以外の第三者に関する情報が記録されている場合がある。この場合には、決定に先立って、当該第三者の意見を聴くことが望ましい。また、そのような意見を聴く機会を与えることは、憲法の定めるデュー・プロセスの権利の要求でもある。

そこで情報公開法は、第十三条において第三者に関する情報が記録されているときに、当該情報に関わる第三者に対し、開示請求に関わる行政文書の表示その他政令で定める事項を通知して、意見書を提出する機会を与えることができること、一定の場合には意見書を提出する機会を与えなければならないことを定めている。詳細については、第Ⅶ章で触れる。

決定権限の委任

「行政機関の長は、政令（内閣の所轄の下に置かれる機関及び会計検査院にあっては、当該機関の命令）で定めるところにより、この章に定める権限又は事務を当該行政機関の職員に委任することができる」（第十七条）。この規定は、開示請求対象文書が行政機関の地方出先機関等にある場合に、決定権をその出先機関に委ねることにより、開示請求者の身近なところで決定が行われるようにするという意味をもつ。これにより、開示拒否決定に対しても、その出先機関の所在地で訴訟を提起することができるという意味ももっている。

これを受けて、政令では、「行政機関の長（第四条第一項に規定する者を除く。）は、法第十七条の規定により、内閣総務官、内閣官房副長官補、内閣広報官若しくは内閣情報官、内閣府設置法（平成十一年法律第八十九号）第十七条若しくは第五十三条の官房、局若しくは部の長、同法第十七条第一項若しくは第六十二条第一項若しくは第二項の職、同法第十八条の重要政策に関する会議の長、同法第三十七条若しくは第五十四条の審議会等若しくはその事務局の長、同法第三十九条若しくは第五十五条の施設等機関の長、同法第四十条若しくは第五十六条（宮内庁法（昭和二十二年法律第七十号）第十八条第一項において準用する場合を含む。）の特別の機関若しくはその事務局の長、内閣府設置法第四十三条若しくは第五十七条（宮内庁法第十八条第一項において準用する場合を含む。）の地方支分部局の長、内閣府設置法第五十二条の委員会の事務局若しくはその官房若しくは部の長、同条の委員会の事務総局の長、宮内庁法第三条の長官官房、侍従職等若しくは部の長、同法第十四条第一項の職、同法第十六条第一項の機関若しくはその事務局の長、同条第二項の機関の長若しくは同法第十七条の地方支分部局の長又は国家行政組織法(昭和二十三年法律第百二十号)第七条の官房、局若しくは部の長、同条の委員会の事務局若しくはその官房若しくは部の長、同条の委員会の事務総局若しくはその官房、局、部若しくは地方事務所若しくはその支所の長、同法第八条の審議会等若しくはその事務局の長、同法第八条の二の施設等機関の長、同法第八条の三の特別の機関若しくはその事務局の長、同法第九条の地方支分部局の長若しくは同法第二十条第一項若しくは第二項の職に法第二章に定める権限又は事務のうちその所掌に係るものを委任することができる」と定める(施行令第十五条第一項)。

また、「国立大学の学長は、法第十七条の規定により、学部(学群を含む。)、教養部、大学院に置く研究科、附置する研究所、学部附属の病院又は附属図書館の長に法第二章に定める権限又は事務のうちその所掌に係るものを委任することができ」(同条第二項)、「警察庁長官は、法第十七条の規定により、警察法(昭和二十九年法律第百六十二号)第十九条第一項の長官官房若しくは局、同条第二項の部、同法第二十七条第一項、第二十八条第一項若しくは第二十九条第一項の附属機関又は同法第三十条第一項若しくは第三十三条第一項の地方機関の長に法第二章に定める権限又は事務のうちその所掌に係るものを委任することができる」(同条第三項)。

ただし、「行政機関の長は、前三項の規定により権限又は事務を委任しようとするときは、委任を受ける職員の官職、委任する権限又は事務及び委任の効力の発生する日を官報で公示しなければならない」(同条第四項)。

5　決定の通知と開示の実施

決定の通知

情報公開法第九条によれば、「行政機関の長は、開示請求に係る行政文書の全部又は一部を開示するときは、その旨の決定をし、開示請求者に対し、その旨及び開示の実施に関し政令で定める事項を書面により通知しなければならない」(第一項)。また、「行政機関の長は、開示請求に係る行政文書の全部を開示しないとき(前条の規定により開示請求を拒否するとき及び開示請求に係る行政文書を保有していないときを含む。)は、開示をしない旨の決定をし、開示請求者に対し、その旨を書面により通知しなければならない」(同条第二項)。

政令によれば、第九条第一項の政令で定める事項は、次に掲げる事項とする(施行令第六条第一項)。

「一　開示決定に係る行政文書について求めることができる開示の実施の方法

二　前号の開示の実施の方法ごとの開示の実施に係る手数料(以下「開示実施手数料」とい

う。）の額（第十四条第四項の規定により開示実施手数料を減額し、又は免除すべき開示の実施の方法については、その旨を含む。）

三　事務所における開示を実施することができる日、時間及び場所並びに事務所における開示を希望する場合には法第十四条第二項の規定による申出をする際に当該事務所における開示を実施することができる日のうちから事務所における開示の実施を希望する日を選択すべき旨

四　写しの送付の方法による行政文書の開示を実施する場合における準備に要する日数及び郵送料の額」

ただし、開示請求書に開示の実施に関する事項が記載されている場合においては、「法第九条第一項の政令で定める事項は、前項の規定にかかわらず、次の各号に掲げる場合の区分に応じ、当該各号に定める事項とする」（同条第二項）。

「一　前条第一号の方法による行政文書の開示を実施することができる場合（事務所における開示については、同条第二号の日に実施することができる場合に限る。）　その旨並びに前項第一号、第三号及び第四号に掲げる事項（同条第一号の方法に係るものを除く。）並びに同項第二号に掲げる事項

二　前号に掲げる場合以外の場合　その旨及び前項各号に掲げる事項」

理由の付記

開示拒否決定の場合、理由の付記が必要である。この点は情報公開法には明記されていないが、情報公開法による開示請求は行政手続法でいう「申請」にあたるので、行政手続法第八条が適用され、理由の付記が求められるのである。

どの程度具体的な理由付記が必要かについては、地方公共団体の条例に関する事例であるが、警視庁情報公開請求事件の最高裁判所判決が参考になる。この事件では、東京都が個人情報の実態調査をした際に提出された、警視庁の保有している個人情報ファイルの件数などを記載した文書に対して公開請求がされた。これに対し都は、「東京都公文書の開示等に関する条例第九条第八号に該当」という理由を付記して、公開を拒否した。これについて最高裁判所は、公文書の非開示決定通知書に付記すべき理由としては、開示請求者において、本条例第九条各号所定の非開示事由のどれに該当するのかをその根拠とともに了知しうるものでなければならず、単に非開示の根拠規定を示すだけでは不十分だと判断したのである(最一小判一九九二年一二月一〇日判例時報一四五三号一一六頁)。当然といえよう。

開示の実施

開示決定が下されると、開示が実施されることになる。ただし開示の実施については、第三者保護の観点から、開示請求対象文書に第三者に関する情報が記録されていて、開示決定に先立って意見書の提出の機会を与えられた第三者が開示に反対する意見書を提出した場合、開示の実施の日との間に少なくとも二週間を置かなければならない(第十三条第三項)。

開示の実施方法

開示の実施方法については、「行政文書の開示は、文書又は図画については閲覧又は写しの交付により、電磁的記録についてはその種別、情報化の進展状況等を勘案して政令で定める方法により行う。ただし、閲覧の方法による行政文書の開示にあっては、行政機関の長は、当該行政文書の保存に支障を生ずるおそれがあると認めるときその他正当な理由があるときは、その写しにより、これを行うことができる」とされている(第十四条第一項)。

開示の方法としては、一般に閲覧と写しの交付があるが、本条はこれを明記している。ただし電磁的記録については、結局その開示の方法については政令に委ねられることになった。

これを受けて、政令では、次のように定められた(施行令第九条)。

「次の各号に掲げる文書又は図画の閲覧の方法は、それぞれ当該各号に定めるものを閲覧することとする。

一　文書又は図画（次号から第四号まで又は第四項に該当するものを除く。）　当該文書又は図画（法第十四条第一項ただし書の規定が適用される場合にあっては、次項第一号に定めるもの）

二　マイクロフィルム　当該マイクロフィルムを専用機器により映写したもの。ただし、これにより難い場合にあっては、当該マイクロフィルムを日本工業規格A列一番（以下「A一判」という。）以下の大きさの用紙に印刷したもの

三　写真フィルム　当該写真フィルムを印画紙（縦八十九ミリメートル、横百二十七ミリメートルのもの又は縦二百三ミリメートル、横二百五十四ミリメートルのものに限る。以下同じ。）に印画したもの

四　スライド（第五項に規定する場合におけるものを除く。次項第四号において同じ。）　当該スライドを専用機器により映写したもの

2　次の各号に掲げる文書又は図画の写しの交付の方法は、それぞれ当該各号に定めるものを交付することとする。

一　文書又は図画（次号から第四号まで又は第四項に該当するものを除く。）　当該文書又は図画を複写機により日本工業規格A列三番（以下「A三判」という。）以下の大きさの用紙に複写したもの。ただし、これにより難い場合にあっては、当該文書若しくは図画を

複写機によりA一判若しくは日本工業規格A列二番(以下「A二判」という。)の用紙に複写したもの又は当該文書若しくは図画を撮影した写真フィルムを印画紙に印画したもの

二　マイクロフィルム　当該マイクロフィルムを日本工業規格A列四番(以下「A四判」という。)の用紙に印刷したもの。ただし、これにより難い場合にあっては、A一判、A二判又はA三判の用紙に印刷したもの

三　写真フィルム　当該写真フィルムを印画紙に印画したもの

四　スライド　当該スライドを印画紙に印画したもの

3　次の各号に掲げる電磁的記録についての法第十四条第一項の政令で定める方法は、それぞれ当該各号に定める方法とする。

一　録音テープ(第五項に規定する場合におけるものを除く。以下この号において同じ。)又は録音ディスク　次に掲げる方法

イ　当該録音テープ又は録音ディスクを専用機器により再生したものの聴取

ロ　当該録音テープ又は録音ディスクを録音カセットテープ(日本工業規格C五五六八に適合する記録時間百二十分のものに限る。別表第一の五の項ロにおいて同じ。)に複写したものの交付

二　ビデオテープ又はビデオディスク　次に掲げる方法
イ　当該ビデオテープ又はビデオディスクを専用機器により再生したものの視聴
ロ　当該ビデオテープ又はビデオディスクをビデオカセットテープ(日本工業規格C五五八一に適合する記録時間百二十分のものに限る。以下同じ。)に複写したものの交付
三　電磁的記録(前二号、次号又は次項に該当するものを除く。)　次に掲げる方法であって、行政機関がその保有するプログラム(電子計算機に対する指令であって、一の結果を得ることができるように組み合わされたものをいう。次号において同じ。)により行うことができるもの
イ　当該電磁的記録をA三判以下の大きさの用紙に出力したものの閲覧
ロ　当該電磁的記録を専用機器(開示を受ける者の閲覧又は視聴の用に供するために備え付けられているものに限る。別表第一の七の項ロにおいて同じ。)により再生したものの閲覧又は視聴
ハ　当該電磁的記録をA三判以下の大きさの用紙に出力したものの交付
ニ　当該電磁的記録をフレキシブルディスクカートリッジ(日本工業規格X六二二三に適合する幅九十ミリメートルのものに限る。別表第一の七の項ニにおいて同じ。)に複写したものの交付

ホ　当該電磁的記録を光ディスク(日本工業規格X〇六〇六及びX六二八一に適合する直径百二十ミリメートルの光ディスクの再生装置で再生することが可能なものに限る。別表第一の七の項ホにおいて同じ。)に複写したものの交付

四　電磁的記録(前号ニ又はホに掲げる方法による開示の実施をすることができない特性を有するものに限る。)　次に掲げる方法であって、行政機関がその保有する処理装置及びプログラムにより行うことができるもの

イ　前号イからハまでに掲げる方法

ロ　当該電磁的記録を幅十二・七ミリメートルのオープンリールテープ(日本工業規格X六一〇三、X六一〇四又はX六一〇五に適合する長さ七百三十一・五二メートルのものに限る。別表第一の七の項へにおいて同じ。)に複写したものの交付

ハ　当該電磁的記録を幅十二・七ミリメートルの磁気テープカートリッジ(日本工業規格X六一二三、X六一三二若しくはX六一三五又は国際標準化機構及び国際電気標準会議の規格(以下「国際規格」という。)一四八三三、一五八九五若しくは一五三〇七に適合するものに限る。別表第一の七の項トにおいて同じ。)に複写したものの交付

ニ　当該電磁的記録を幅八ミリメートルの磁気テープカートリッジ(日本工業規格X六一四一若しくはX六一四二又は国際規格一五七五七に適合するものに限る。別表第一

の七の項チにおいて同じ。)に複写したものの交付

ホ 当該電磁的記録を幅三・八一ミリメートルの磁気テープカートリッジ(日本工業規格X六一二七、X六一二九、X六一三〇又はX六一三七に適合するものに限る。別表第一の七の項リにおいて同じ。)に複写したものの交付

4 映画フィルムの開示の実施の方法は、次に掲げる方法とする。

一 当該映画フィルムを専用機器により映写したものの視聴

二 当該映画フィルムをビデオカセットテープに複写したものの交付

5 スライド及び当該スライドの内容に関する音声を記録した録音テープを同時に視聴する場合における開示の実施の方法は、次に掲げる方法とする。

一 当該スライド及び当該録音テープを専用機器により再生したものの視聴

二 当該スライド及び当該録音テープをビデオカセットテープに複写したものの交付」

開示の実施方法の選択

開示の実施方法は、原則として開示請求者が選択することができる。それゆえ情報公開法第十四条第二項は、「開示決定に基づき行政文書の開示を受ける者は、政令で定めるところにより、当該開示決定をした行政機関の長に対し、その求める開示の実施の方法その他の政令で定

める事項を申し出なければならない」とする(図6参照)。
　したがって、開示請求者が閲覧を希望するなら、原則として文書の閲覧が認められなければならない。行政機関の長が、閲覧に代えて写しの交付を行うことができるのは、「当該行政文書の保存に支障を生ずるおそれがあると認めるときその他正当な理由があるとき」に限られる。文書の部分開示の場合などは「正当な理由」があるといえるであろうが、恣意的に閲覧が拒否されないよう注意が必要であろう。

図6　開示の実施

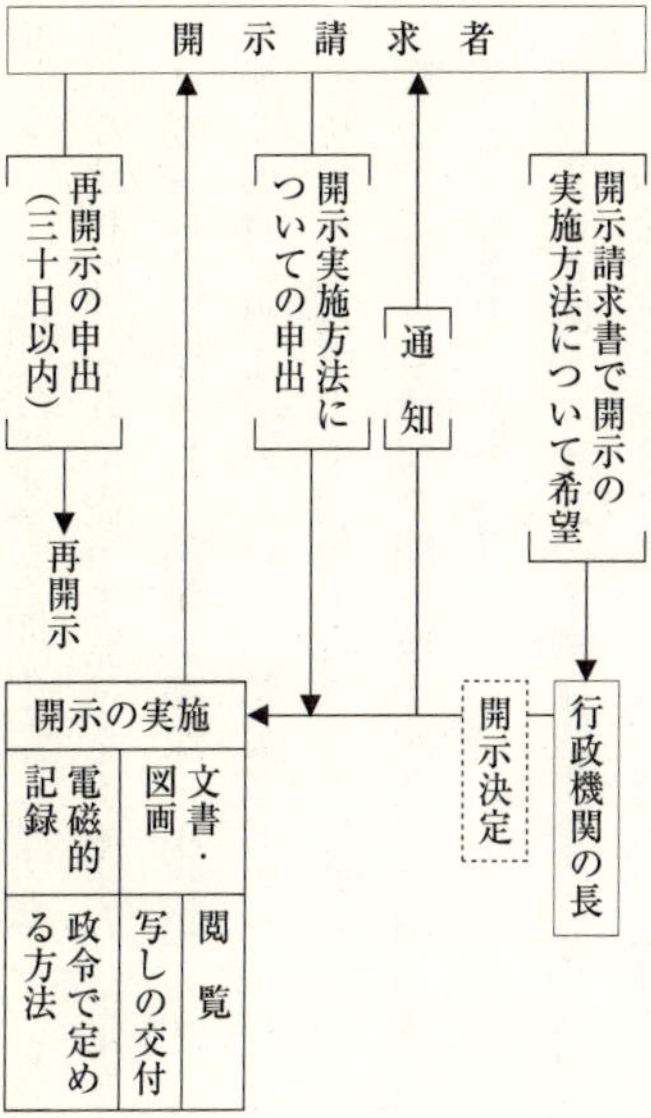

　この規定による申出は、「第九条第一項に規定する通知があった日から三十日以内にしなければならない。ただし、当該期間内に当該申出をすることができないことにつき正当な理由があるときは、この限りでない」(同条第三項)。
　政令は、「法第十四条第二項の規定による申出は、書面により行わなければならない」とする(施行令第十条第一項）。もっとも開示請求書で開示の実施方法について希望を記入している場合など、特段の事情がなければ、それに従って開示を実施すれば足りよう。そこで政令も、「第六条第二項第一号の場合に該当する旨の法第九条第一項に規定する通知があった場合（開示実施手数料が無料である場合に限る。）において、第五条各号に掲げる事項を変更しないときは、法第十四条第二項の規定による申出を改めて行うことを要しない」とする（同条第二項）。

政令によれば、情報公開法第十四条第二項の政令で定める事項は、次に掲げる事項とされている（施行令第十一条第一項）。

「一　求める開示の実施の方法（開示決定に係る行政文書の部分ごとに異なる開示の実施の方法を求める場合にあっては、その旨及び当該部分ごとの開示の実施の方法）

二　開示決定に係る行政文書の一部について開示の実施を求める場合にあっては、その旨及び当該部分

三　事務所における開示の実施を求める場合にあっては、当該事務所における開示の実施を希望する日

四　写しの送付の方法による行政文書の開示の実施を求める場合にあっては、その旨」

ただし、「第六条第二項第一号の場合に該当する旨の法第九条第一項に規定する通知があった場合（開示実施手数料が無料である場合を除く。）における法第十四条第二項の政令で定める

事項は、前項の規定にかかわらず、行政文書の開示を受ける旨とする」(同条第二項)。

再度の開示の申出

「開示決定に基づき行政文書の開示を受けた者は、最初に開示を受けた日から三十日以内に限り、行政機関の長に対し、更に開示を受ける旨を申し出ることができる。この場合においては、前項ただし書の規定を準用する」(第十四条第四項)。これは、開示請求対象文書をまず閲覧し、そのうえで写しの交付を請求するような場合に、あらためて開示請求しなくても簡易な方法で開示の実施が受けられるようにする趣旨である。

政令は、「法第十四条第四項の規定による申出は、次に掲げる事項を記載した書面により行わなければならない」と定める(施行令第十二条第一項)。すなわち、

「一　法第九条第一項に規定する通知があった日

二　最初に開示を受けた日

三　前条第一項各号に掲げる事項」

である。

なお、「前項の場合において、既に開示を受けた行政文書(その一部につき開示を受けた場合にあっては、当該部分)につきとられた開示の実施の方法と同一の方法を当該行政文書につい

て求めることはできない。ただし、当該同一の方法を求めることにつき正当な理由があるときは、この限りでない」(同条第二項)。

他の法令による開示の実施との調整

法令のなかには、情報公開法とは別に、一定の情報について閲覧や縦覧、写しの交付などを定めているものがある。そこで、これらの法令の対象とされる情報と同じ情報に対し情報公開法に基づく開示請求があった場合に、両者の相互調整が必要となる。

これについて情報公開法第十五条は、「行政機関の長は、他の法令の規定により、何人にも開示請求に係る行政文書が前条第一項本文に規定する方法と同一の方法で開示することとされている場合(開示の期間が定められている場合にあっては、当該期間内に限る。)には、同項本文の規定にかかわらず、当該行政文書については、当該同一の方法による開示を行わない。ただし、当該他の法令の規定に一定の場合には開示をしない旨の定めがあるときは、この限りでない」と定める(第一項)。そして、「他の法令の規定に定める開示の方法が縦覧であるときは、当該縦覧を前条第一項本文の閲覧とみなして、前項の規定を適用する」(同条第二項)。

わかりにくい規定であるが、行政機関の長は、他の法令の規定により、何人にも開示請求に関わる行政文書が第十四条第一項本文に規定する方法と同一の方法で開示することとされている場合には、同項本文の規定にかかわらず、当該行政文書については、当該同一の方法による開示を行わない。したがって、たとえば情報公開法に基づく開示請求が閲覧の請求で、他の法令で閲覧が認められている場合には、情報公開法ではなくその他の法令により閲覧が行われる(第二項により縦覧は閲覧としてみなされることに注意されたい)。

ただし、「開示の期間が定められている場合にあっては、当該期間内に限る」とあるので、その他の法令による閲覧が一定期間に限定されている場合は、その期間以外はその法令ではなく情報公開法によって閲覧を請求できることになる。

もしその法令が一定の情報の閲覧だけを規定していて、写しの交付については定めていなかった場合は、写しの交付の請求には今度は情報公開法が適用され、情報公開法に基づいて写しの交付の請求ができる。

6　手数料

手数料が必要

情報公開請求には、手数料の支払いが求められる。

この点アメリカの情報公開法は、手数料をいくつかのカテゴリーに区分けし、請求請求者の類型に応じて異なった費用負担を求めながら、一定の場合には手数料の減額や免除を認めていたが、日本の地方公共団体では一般に請求自体には手数料の支払いは求められず、開示の実施に当たっても通例閲覧は無料で、写しの交付についてだけ実費の支払いないし手数料負担が求められていた。請求自体にも手数料の支払いを求めていたのは、少数であった。

そのため、要綱案が情報公開請求に手数料の支払いを求めることにしたことに対しては、強い批判が巻きおこった。とりわけ交際費や食糧費の開示請求に際しては、領収書ごとに一件とカウントされ、一部の地方公共団体で膨大な手数料負担が求められたことが問題とされ、一件のカウントの仕方に配慮が必要だと指摘された。

そこで、結局、情報公開法第十六条第一項は「開示請求をする者又は行政文書の開示を受ける者は、政令で定めるところにより、それぞれ、実費の範囲内において政令で定める額の開示請求に係る手数料又は開示の実施に係る手数料を納めなければならない」としつつ、第二項で「前項の手数料の額を定めるに当たっては、できる限り利用しやすい額とするよう配慮しなければならない」と注記した。また衆議院および参議院の付帯決議でも、この点についての懸念が示され、とりわけ「一件」の数え方について、同種の文書の請求はまとめて一件とカウントするよう注文がつけられた。

手数料の額および支払い方法

これを受け、政令では、「法第十六条第一項の手数料の額は、次の各号に掲げる手数料の区分に応じ、それぞれ当該各号に定める額とする」とされた(施行令第十三条第一項)。

「一　開示請求に係る手数料(以下「開示請求手数料」という。)　開示請求に係る行政文書一件につき三百円

二　開示実施手数料　開示を受ける行政文書一件につき、別表第一の上欄に掲げる行政文書の種別(第十六条第一項第五号において単に「種別」という。)ごとに、同表の中欄に掲げる開示の実施の方法に応じ、それぞれ同表の下欄に定める額(複数の実施の方法により開示を受ける場合にあっては、その合算額。以下この号及び次項において「基本額」という。)。ただし、基本額(法第十四条第四項の規定により更に開示を受ける場合にあっては、当該開示を受ける場合の基本額に既に開示の実施を求めた際の基本額を加えた額)が三百円に達するまでは無料とし、三百円を超えるとき(同項の規定により更に開示を受ける場合であって既に開示の実施を求めた際の基本額が三百円を超えるときを除く。)は当該基本額から三百円を減じた額とする」

別表第一（第十三条関係）

行政文書の種別　開示の実施の方法　開示実施手数料の額

一　文書又は図画（二の項から四の項まで又は八の項に該当するものを除く。）

イ　閲覧　百枚までごとにつき百円

ロ　撮影した写真フィルムを印画紙に印画したものの閲覧　一枚につき百円に十二枚までごとに七百五十円を加えた額

ハ　複写機により複写したものの交付　用紙一枚につき二十円（A二判については六十円、A一判については百十円）

ニ　撮影した写真フィルムを印画紙に印画したものの交付　一枚につき百三十円（縦二百三ミリメートル、横二百五十四ミリメートルのものについては、五百三十円）に十二枚までごとに七百五十円を加えた額

二　マイクロフィルム

イ　用紙に印刷したものの閲覧　用紙一枚につき十円

ロ　専用機器により映写したものの閲覧　一巻につき三百円

ハ　用紙に印刷したものの交付　用紙一枚につき七十円（A三判については百三十円、A二判については二百五十円、A一判については五百十円）

三　写真フィルム
イ　印画紙に印画したものの閲覧　一枚につき十円
ロ　印画紙に印画したものの交付　一枚につき三十円（縦二百三ミリメートル、横二百五十四ミリメートルのものについては、四百四十円）
四　スライド（九の項に該当するものを除く。）
イ　専用機器により映写したものの閲覧　一巻につき四百円
ロ　印画紙に印画したものの交付　一枚につき百二十円（縦二百三ミリメートル、横二百五十四ミリメートルのものについては、千五百円）
五　録音テープ（九の項に該当するものを除く。）又は録音ディスク
イ　専用機器により再生したものの聴取　一巻につき三百円
ロ　録音カセットテープに複写したものの交付　一巻につき六百円
六　ビデオテープ又はビデオディスク
イ　専用機器により再生したものの視聴　一巻につき三百円
ロ　ビデオカセットテープに複写したものの交付　一巻につき七百円
七　電磁的記録（五の項、六の項又は八の項に該当するものを除く。）
イ　用紙に出力したものの閲覧　用紙百枚までごとにつき二百円

ロ　専用機器により再生したものの閲覧又は視聴　〇・五メガバイトまでごとにつき五百五十円

ハ　用紙に出力したものの交付　用紙一枚につき二十円

ニ　フレキシブルディスクカートリッジに複写したものの交付　一枚につき八十円に〇・五メガバイトまでごとに二百二十円を加えた額

ホ　光ディスクに複写したものの交付　一枚につき二百円に〇・五メガバイトまでごとに二百二十円を加えた額

ヘ　幅十二・七ミリメートルのオープンリールテープに複写したものの交付　一巻につき四千円に一メガバイトまでごとに二百二十円を加えた額

ト　幅十二・七ミリメートルの磁気テープカートリッジに複写したものの交付　一巻につき千九百円（日本工業規格X六一三五に適合するものについては二千八百円、国際規格一四八三三、一五八九五又は一五三〇七に適合するものについてはそれぞれ七千二百円、九千八百円又は一万六千八百円）に一メガバイトまでごとに二百二十円を加えた額

チ　幅八ミリメートルの磁気テープカートリッジに複写したものの交付　一巻につき千二百五十円（日本工業規格X六一四二に適合するものについては二千四百五十円、

国際規格一五七五七に適合するものについては一万三千四百円）に一メガバイトまでごとに二百二十円を加えた額
リ幅三・八一ミリメートルの磁気テープカートリッジに複写したものの交付　一巻につき九百八十円（日本工業規格X六一二九、X六一三〇又はX六一三七に適合するものについてはそれぞれ二千円、四千百五十円又は六千円）に一メガバイトまでごとに二百二十円を加えた額

八　映画フィルム
イ　専用機器により映写したものの視聴　一巻につき四百円
ロ　ビデオカセットテープに複写したものの交付　三千三百円（十六ミリメートル映画フィルムについては一万二千三百円、三十五ミリメートル映画フィルムについては一万四千円）に記録時間十分までごとに千五百五十円（十六ミリメートル映画フィルムについては三千六百五十円、三十五ミリメートル映画フィルムについては四千四百五十円）を加えた額

九　スライド及び録音テープ（第九条第五項に規定する場合におけるものに限る。）
イ　専用機器により再生したものの視聴　一巻につき七百円
ロ　ビデオカセットテープに複写したものの交付　五千二百円（スライド二十枚を超え

る場合にあっては、五千二百円にその超える枚数一枚につき百十円を加えた額）
備考　一の項ハ、二の項ハ又は七の項ハの場合において、両面印刷の用紙を用いるときは、片面を一枚として額を算定する。

これにより、開示請求に際しては、「開示請求手数料」と「開示実施手数料」の二種類の負担が求められることになった。前者の開示請求手数料は、開示拒否の場合にも支払わなければならないものである。

ただし、一件のカウントの仕方については、「開示請求者が次の各号のいずれかに該当する複数の行政文書の開示請求を一の開示請求書によって行うときは、前項第一号の規定の適用については、当該複数の行政文書を一件の行政文書とみなし、かつ、当該複数の行政文書である行政文書の開示を受ける場合における同項第二号ただし書の規定の適用については、当該複数の行政文書である行政文書に係る基本額に先に開示の実施を求めた当該複数の行政文書である他の行政文書に係る基本額を順次加えた額を基本額とみなす」とされた（同条第二項）。

「一　一の行政文書ファイル（能率的な事務又は事業の処理及び行政文書の適切な保存の目的を達成するためにまとめられた、相互に密接な関連を有する行政文書（保存期間が一年以上のものであって、当該保存期間を同じくすることが適当であるものに限る。）の集合

物をいう。第十六条第一項第十号において同じ。)にまとめられた複数の行政文書
二　前号に掲げるもののほか、相互に密接な関連を有する複数の行政文書」
なお、手数料は、「次の各号のいずれかに掲げる場合を除いて、それぞれ開示請求書又は第十条第一項若しくは前条第一項に規定する書面に収入印紙をはって納付しなければならない」(同条第三項)。すなわち、

「一　次に掲げる行政機関又は部局若しくは機関が保有する行政文書に係る開示請求手数料又は開示実施手数料を納付する場合
イ　郵政事業庁
ロ　国立大学、大学共同利用機関、大学評価・学位授与機構及び国立学校財務センター
ハ　社会保険庁
ニ　特許庁
ホ　イからニまでに掲げるもののほか、その長が第十五条第一項の規定による委任を受けることができる部局又は機関(開示請求手数料については、当該委任を受けた部局又は機関に限る。)であって、当該部局又は機関が保有する行政文書に係る開示請求手数料又は開示実施手数料の納付について収入印紙によることが適当でないものとして行政機関の長が官報に公示したもの

二　行政機関又はその部局若しくは機関（前号イからホまでに掲げるものを除く。）の事務所において開示請求手数料又は開示実施手数料の納付を現金ですることが可能である旨及び当該事務所の所在地を当該行政機関の長が官報で公示した場合において、当該行政機関が保有する行政文書に係る開示請求手数料又は開示実施手数料を当該事務所において現金で納付する場合」

である。

ただし、「行政文書の開示を受ける者は、開示実施手数料のほか郵送料を納付して、行政文書の写しの送付を求めることができる。この場合において、当該郵送料は、郵便切手で納付しなければならない」（同条第四項）。

手数料の減額・免除

情報公開法第十六条第三項は、「行政機関の長は、経済的困難その他特別の理由があると認めるときは、政令で定めるところにより、第一項の手数料を減額し、又は免除することができる」とする。すでに触れたように、アメリカでは、一定の場合に手数料の減額・免除が認められており、手数料の支払いを求めるとしても、同様の配慮が必要である。

ただし、アメリカでは、ニュースメディアの代表や教育機関の場合には費用負担も少なく、しかも請求された文書が政府の活動について知る公衆の利益に仕えそうな場合には、費用負担は免除されているが、日本の情報公開法の場合、もっぱら貧困を理由としてしか減額・免除を規定していない。そして、実際政令でも、「行政機関の長(法第十七条の規定により委任を受けた職員があるときは、当該職員。以下この条において同じ。)は、行政文書の開示を受ける者が経済的困難により開示実施手数料を納付する資力がないと認めるときは、開示請求一件につき二千円を限度として、開示実施手数料を減額し、又は免除することができる」とされるにとどまった(施行令第十四条第一項)。わずかに、「第一項の規定によるもののほか、行政機関の長は、開示決定に係る行政文書を一定の開示の実施の方法により一般に周知させることが適当であると認めるときは、当該開示の実施の方法に係る開示実施手数料を減額し、又は免除することができる」とされているだけである(同条第四項)。ぜひ、公益を理由とする手数料の減額・免除を認めるべきであろう。

なお、「前項の規定による開示実施手数料の減額又は免除を受けようとする者は、法第十四条第二項又は第四項の規定による申出を行う際に、併せて当該減額又は免除を求める額及びその理由を記載した申請書を行政機関の長に提出しなければならない」とされ(同条第二項)、「前項の申請書には、申請人が生活保護法(昭和二十五年法律第百四十四号)第十一条第一項各号に掲げる扶助を受けていることを理由とする場合にあっては当該扶助を受けていることを証明する書面を、その他の事実を理由とする場合にあっては当該事実を証明する書面を添付しなければならない」とされている(同条第三項)。

Ⅳ　どのような情報が例外とされているか

1　個人情報

趣旨

第五条第一号「個人に関する情報(事業を営む個人の当該事業に関する情報を除く。)であって、当該情報に含まれる氏名、生年月日その他の記述等により特定の個人を識別することができるもの(他の情報と照合することにより、特定の個人を識別することができることとなるものを含む。)又は特定の個人を識別することはできないが、公にすることにより、なお個人の権利利益を害するおそれがあるもの」は、個人情報を例外としたものである(図7参照)。

本来、行政機関の保有している文書に個人に関する情報が含まれている場合、その個人情報についてはプライヴァシーの権利保護のため、本人以外の人からの開示請求を拒否すべきである。そこで、地方公共団体の条例でも、個人情報は非開示事由と認められてきた。

ただ規定の定め方として、特定個人が識別されるか、識別されうる場合にすべて非公開とするか(個人識別情報型)、特定個人が識別されるか、識別されうる場合であって一般に他人に知られたくないと望むことが正当であるような情報についてのみ非公開とするか(プライヴァシー保護型)について議論があり、条例の定め方も分かれていた。情報公開法は、基本的に個人識別情報型の規定を置いている。

しかし、このような個人識別情報型の例外事由を設けると、情報公開の範囲があまりにも狭くなってしまうおそれがある。そこで、情報公開法は、先行する地方公共団体の条例にならって、「ただし、次に掲げる情報を除く」として一定の情報の開示を命じている。それは、

図7 個人情報

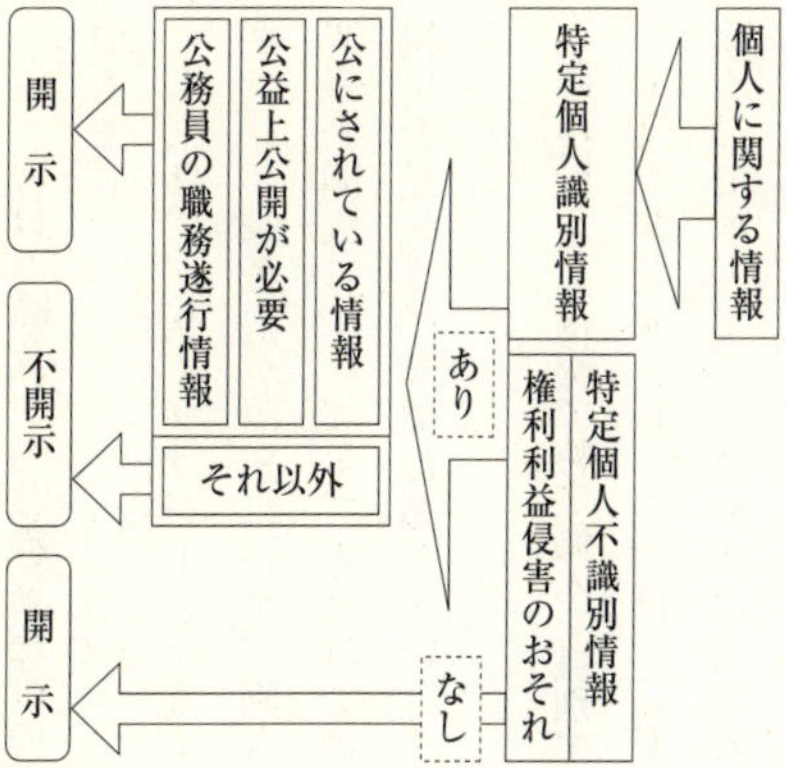

「イ 法令の規定により又は慣行として公にされ、又は公にすることが予定されている情報

ロ 人の生命、健康、生活又は財産を保護するため、公にすることが必要であると認められる情報

ハ 当該個人が公務員(国家公務員法(昭和二十二年法律第百二十号)第二条第一項に規定する国家公務員及び地方公務員法(昭和二十五年法律第二百六十一号)第二条に規定する地方公務員をいう。)である場合において、当該情報がその職務の遂行に係る情報であるときは、当該情報のうち、当該公

務員の職及び当該職務遂行の内容に係る部分」である。

本来は、プライヴァシーを保護するために情報公開に例外を認めるものであるから、プライヴァシー保護型が望ましいが、両者の違いはそれほど大きくはない。ただ、個人識別情報型の情報公開法についても、本来はこの不開示情報はプライヴァシーを保護するためにあるという視点を見失うべきではあるまい。

個人に関する情報で特定個人を識別することができるもの

本号で非公開としうるのは、「個人に関する情報(事業を営む個人の当該事業に関する情報を除く。)であって、当該情報に含まれる氏名、生年月日その他の記述等により特定の個人を識別することができるもの」であるが、それには「他の情報と照合することにより、特定の個人を識別することができることとなるもの」が含まれる。

特定個人を識別することができることになるかどうかは、原則として一般人を基準とすべきである。したがって、たとえば近親者など、特別なきわめて狭い範囲の人であれば特定の個人を識別できるという場合は、これには当たらないというべきであろう。たとえば、県立高校の中途退学者数および原級留置者数を記録した公文書について、特定個人が識別されえないとされた事例が参考になろう(福岡高判一九九一年四月一〇日行集四二巻四号五三六頁)。

「他の情報と照合することにより、特定の個人を識別することができる」場合とは、文書自体に含まれる情報は個人を特定するものではないが、すでに公知となっている情報など他の情報と照合することによって、特定個人が識別されうる場合に、例外とすることを認めたものである。いわゆる「モザイク・アプローチ」と呼ばれる方法である。地方公共団体の事例では、インフルエンザ予防接種によって健康被害を受けたとする予防接種禍の認定申請に対する認定を通知した文書の公開請求に対し、新聞報道などにより、氏名等を削除してもなお特定個人が識別されるおそれがあるとして非公開とされた事例は、そのような可能性を示している(浦和地判一九九〇年三月二六日行集四一巻三号七六〇頁)。

特定個人を識別することはできないが、なお個人の権利利益を害するおそれ

本号は、また「特定の個人を識別することはできないが、公にすることにより、なお個人の権利利益を害するおそれがあるもの」を非公開とすることを認めている。「考え方」によれば、個人のカルテや反省文、未発表の研究論文や研究計画書などが、その例と考えられている。

このような扱いを支持する学説もあるが、場合によってはカルテであっても特定個人が識別されないように配慮したあとで公開すべき場合もあるのではなかろうか。また本来個人のプラ

イヴァシー保護を目的とする本号で、未発表の研究論文や研究計画書を保護すべきではないように思われる。ここでいう「権利利益」はあくまでプライヴァシーの権利利益に限られるべきであり、未発表の研究論文や研究計画書などは、他の不開示事由で非公開とすべきであろう。

部分開示等

個人に関する情報であっても、特定個人が識別されうる部分を削除することによって、特定個人が識別できなくなる場合には、当然残りの部分を公開しなければならない。部分開示である。すでに述べたように、情報公開法第六条第二項はこのことを注意的に規定している。ただし、特定個人を識別することができる部分を削除しても、なお公にすることによって個人の権利利益が害されるおそれがある場合は、別である。

また、この個人情報に関しては、文書の存否を明らかにすること自体が、個人情報保護の目的に反する場合がある。そのような場合には、文書の存否を明らかにしないでする開示拒否が認められる(第八条)。

除外事由

本号が例外としている事由のうち、イは、個人情報であってもすでに公開されているか、公開を予定されている以上、プライヴァシーの権利は、非公知性を要件としているので、もはやプライヴァシーとして保護する必要がないとの観点から設けられたものである。「公にすることが予定されている情報」には、公表されることが時間的に予定されているものだけでなく、事柄の性質上当然通常公表されるものも含むというべきであろう。

ロは、人の生命、健康、生活または財産を保護するために公開が必要とされる場合に、これらの利益と個人情報を保護する利益を比較考量し、前者が後者をうわまわる場合に個人情報の公開を命じたものである。これらの利益が現実に侵害されている場合に限られず、これらの利益の侵害を防ぐために必要な場合にも、公開が求められうる。

公務員の職務に関する情報

ハについては、記録に公務員の氏名が記載されている場合の扱いに関して、地方公共団体でも問題とされ、情報公開法制定の過程でも議論があった。というのは、地方公共団体の条例では、一般に公務員の情報について特別の規定は置かれておらず、公文書に公務員の氏名等が記載されている場合の扱いについて問題が生じた。

このうち、公務員に対する懲戒処分書のように人事に関して公務員の氏名が記載されている場合は、公務員であっても氏名を開示しないことができるという点では、あまり異論はないであろう(出勤簿の休暇に関する記載、育児休業、休職、停職および欠勤の記載につき、富山地判一九九八年二月一八日判例時報一六七三号七三頁)。また公務員であっても、住所や電話番号などまで公開されるべきいわれはないように思われる(土地区画整理審議会委員の名簿に記載された委員の生年月日、自宅の電話番号について個人情報として非公開とすることを認めた、神戸地判一九九一年一〇月二八日判例時報一四三七号七七頁)。

これに対し、交際や接待の場に出席した職員の氏名が記載されたり、起案の過程で担当職員の氏名が記載されたりしている場合、記載された氏名は「個人」としてではなく担当職員の明示という趣旨と考えられる。それゆえ、個人識別情報型の例外事由をもつ条例においても、本来はこのような担当職員名は「個人」に関する情報として非開示とすべきではないように思われる。ところが、地方公共団体のなかにはこの場合にも個人情報として非開示とすることを認めるところも現れた。そこで情報公開法においては、このように当該情報がその職務の遂行に関わる情報である場合、公務員の「職」に関する情報と「氏名」に関する情報に分けて、「職」に関する情報は開示することとした。そのため、これに対し、「氏名」に関する情報は個人情報として原則として非公開とされ、ただイの「慣行として公にされ」ている情報について開示されることになるといわれている。具体的には、氏名に関する情報については、一定の責任を負う地位以上の場合にのみ開示するという趣旨であり、「考え方」では、中央省庁の「課長」

クラス以上の場合に氏名も開示されるとされている。

この問題とも絡んでおそらく大きな争点となるであろうと考えられるのは、接待ないし交際の相手方の氏名である。これについては、大阪府知事交際費事件最高裁判所判決(最一小判一九九四年一月二七日民集四八巻一号五三頁)は、交際の相手方の個人名は個人情報として非開示とすべきだと判断しているが、その後の判例の流れは、相手方の地位や資格を個別的に検討し、相手方が公務員の場合は個人としてではなく公務員としての立場で接待を受けているのであるから、これを「個人」に関する情報ということはできないとした宮城県の事例や大阪市の事例に象徴されるように、相手方の公務員の氏名を非開示とすべき理由はないという考え方に傾いている(仙台地判一九九六年七月二九日判例時報一五七五号三一頁、東京高判一九九七年二月二七日判例タイムズ九三九号九〇頁、大阪高判一九九八年六月一七日判例時報一六六九号三五頁)。そこで、情報公開法は、これらの下級審判決とは異なる立場をとったものだともいわれている。

しかし、職務担当職員の氏名は、本号でも「個人」を特定する情報ではないと考えるべきであり、したがって担当職員の氏名は非公開とすることはできないというべきである。これに対し接待の相手方の氏名であるが、接待の相手方が公務員である場合には同じくこれを個人情報として例外とすべき必要性に乏しい。とりわけ本号にいう国家公務員には、一般職のみならず特別職も含まれるので、国務大臣、国会議員なども、これに含まれる。これらの国民による選挙で選出される国会議員や内閣の一員として行政権を行使する国務大臣まで、その氏名を非公開とすべき理由はまったくない。それ以外の私人の場合にも、基本的には職務に関して公金で接待を受けている以上、それを非公開とすべき理由はないのではなかろうか。

それゆえ、情報公開法の解釈としても、情報公開法は職務に関する公務員の「地位」が個人情報に当たらないことを明確にするために明記しただけであり、「氏名」が個人情報に当たるかどうかは判例に委ねたものと解釈すべきである。そして、職務を遂行する公務員の氏名は、「個人」に関する情報には当たらないと考えられるので、情報公開法のもとでもこれは不開示情報に該当せず、それゆえ公開されるべきものと解すべきであろう。

本人からの公開請求

なお、すでに述べたように、個人情報の本人から開示請求があった場合、この例外事由を根拠にして請求を拒否できるかについて、「考え方」はこれを拒否できるとしている。地方公共団体の条例についても、支配的な立場は、情報公開制度は開示請求者が誰であるかを考慮しないで情報を公開する趣旨であるから、たとえ本人からの開示請求であっても個人情報については開示を拒否しうるというものである。異論もあるが、個人情報に対する本人からの開示請求は本来個人情報保護制度の一環として位置づけるべきであり、開示請求者が誰かによって開示決定を行うというのは情報公開制度の趣旨に反している。やはり、本人からの請求であっても、個人情報については開示を拒否しうると解すべきである。

関連して、個人情報の本人が公開を承認している場合、個人情報が記載されていることを理由に開示を拒否することができるかという問題がある。地方公共団体の条例については、本人の承諾を理由に本人開示を認めた例と、承諾があっても第三者への公開は認められないとした例がある。そして、学説にも、承諾があっても本人だけの開示というのは認められないが、本人がプライヴァシーを放棄した以上第三者への公開も認めるべきだとの批判がある。しかし、情報公開法は、たとえ本人の承諾があっても、個人情報については非公開とすることを認めたものと解すべきであろう。

地方公共団体の条例のもとでの実例

地方公共団体の条例に関する裁判例では、すでに触れた交際・接待の相手方個人名のほか、精神病院への同意入院届け(長野地判一九八七年一〇月二二日行集三八巻一〇号一四二三頁)、インフルエンザの予防接種禍に関する文書のなかの被接種者の健康状態に関する情報(浦和地判一九九〇年三月二六日前掲)、マンションの建築確認申請のために提出された平面図(東京高判一九九一年五月三一日行集四二巻五号九五九頁)、土地区画整理審議会議事録および測量図(神戸地判一九九一年一〇月二八日前掲)、土地改良事業の換地計画書(名古屋高金沢支判一九九五年一月三〇日判例タイムズ八八四号一三三頁)、高校志望調査書(浦和地判一九九七年八月一八日判例タイムズ九六二号一一〇頁)、区の美術品購入支出命令書に含まれる個人の情報(東京地判一九九五年七月一八日判例地方自治一五一号二七頁)などについて、個人情報として非公開とすることが認められている。

他方、固定資産評価替えのために行った宅地の鑑定結果については、個人情報として非公開とすることは認められなかった(東京高判一九九三年三月二二日判例時報一四五八号四九頁)。

2 法人情報

趣旨

第五条第二号は、「法人その他の団体(国及び地方公共団体を除く。以下「法人等」という。)に関する情報又は事業を営む個人の当該事業に関する情報」を例外事由としている。一般に法人情報と呼ばれている(図8参照)。

行政機関の保有する記録のなかに法人等に関する情報が含まれる場合、その情報を公開することが当該法人等に不当に損害を与える場合がある。本号は、そのような損害を防ぐために設けられている(事業を営む個人の当該事業に関する情報も、これと同じように扱われている)。

ただ、法人等に関する情報をすべて非開示とすると情報公開の範囲が不当に狭くなる。そこで本号は、場合を限定して非開示とすることを認めたものである。

それによれば、法人等に関する情報であっても、非開示とすることが認められるのは次の場合に限られる。すなわち、

「イ 公にすることにより、当該法人等又は当該個人の権利、競争上の地位その他正当な利益を害するおそれがあるもの

ロ 行政機関の要請を受けて、公にしないとの条件で任意に提供されたものであって、法人等又は個人における通例として公にしないこととされているものその他の当該条件を付することが当該情報の性質、当時の状況等に照らして合理的であると認められるもの」

である。

図8 法人情報

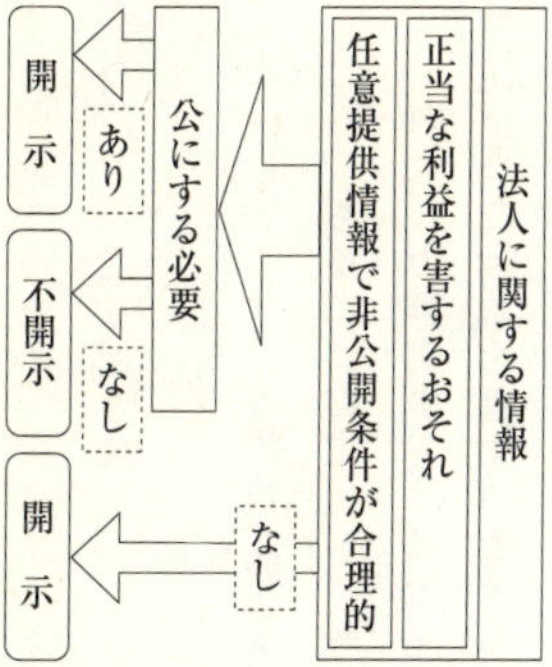

しかし、いかに法人等の利益を保護することが大切だとしても、場合によってはそれ以上に重要な公益を達成するためには法人等の利益を犠牲にしても情報を公開すべきこともある。そこで本号は、「ただし、人の生命、健康、生活又は財

産を保護するため、公にすることが必要であると認められる情報を除く」として、そのような例外的な場合を認めている。

公にすることにより権利、競争上の地位、その他正当な利益を害する場合

このうちイについては、一般に地方公共団体の条例でも認められてきたものである。

これにより非公開とすることができるのは、あくまで当該法人等の「権利、競争上の地位その他正当な利益を害するおそれがあるもの」に限られる。条例のなかには、広く当該法人等に不利益を及ぼす場合に非開示とすることを認めているところもあるが、情報公開法ではこの点絞りがかけられている。法人等にはさまざまな種類があるので、ここで保護される利益も経済的利益に限られない。ただし、あくまで保護されるのは「正当な利益」に限られる。

この点でとくに注目されるのは、農薬健康茶事件である。この事例では東京都の行った検査で健康茶として市販されているものから残留農薬が検出され、その新聞報道に基づいて検査結果に対し公開請求がなされた。そして都は、個々の商品名の公開を拒んだが、裁判所は、すでに市場にでている商品に含まれる残留農薬に関する客観的情報が公開されて、その結果消費者がその商品を買わなくなったとしても、それは正当な利益を害したことにならないとして、非公開とすることを認めなかった(東京地判一九九四年一一月一五日判例時報一五一〇号二七頁)。この

ことは、情報公開法についても妥当するというべきであろう。

地方公共団体の条例のもとでの実例

地方公共団体との取引に関しては、物品の購入価格や工事の落札価格などが問題となる。通常、取引の価格それ自体は公開すべきものと考えられる(たとえばコピー機の契約の料金部分につき、奈良地判一九九八年一月二六日判例時報一六六五号五二頁。ただし、弁護士報酬費用につき、最二小判一九九六年七月一九日判例集未登載、および美術館の絵画購入価格につき、東京地判一九九五年七月一八日前掲参照)が、予定価格や単価については非公開とされることが少なくない。

交際費・接待費との関連で、しばしば交際を行った店(支払先もしくは債権者)の情報を法人情報として非公開としうるかが問題とされてきたが、最高裁判所は、大阪府知事交際費事件判決では、これを非公開とすることを認めなかった(最一小判一九九四年一月二七日前掲)。下級審ではこれを受けて、債権者の住所・氏名については公開を命じつつ、取引金融機関、預金種別、口座番号等について非公開とすべきかどうかが争われている。

許認可や補助金交付に関して提出された情報では、建築確認申請書添付のマンションの平面図について、公開は設計者のノウハウを侵害するとして、非公開とすることが認められた事例がある(東京高判一九九一年五月三一日前掲。ただし、この事例では、図面の公開は、著作権法で認められた公表権をも侵害するとされたが、後述するように、情報公開法制定と同時に整備法で著作権法が改正されて、情報公開と著作権保護の調整がはかられている)。

ゴルフ場開発などに絡んで、開発業者の事業に関する情報もしばしば問題とされている。ゴルフ場増設に関して設計図の公開が求められた事例で、ノウハウなどは含まれていないとして公開が命じられた事例がある。しかもこの事例では、開発業者の年商額や主要取引銀行も容易に入手しうる情報だとして非公開とすることも認められなかった(札幌高判一九九七年四月三〇日判例地方自治一六九号二六頁)。これに対しゴルフ場開発業者が開発許可申請書などに添付して提出した資金計画などの情報について非公開とすることが認められた事例もある(東京高判一九九八年六月二九日判例時報一〇〇六号一五三頁)。

また、私立大学が施設整備補助金の交付申請書に添付した現年度予算書、前年度収支決算書、賃借対照表については、私立大学の公共的性格などを考慮し、公開することは競争上の地位その他正当な利益を害するものではないとされている(東京高判一九九七年七月一五日行集四八巻七・八号五一三頁)。

任意提供情報

これに対し口については、扱いが分かれ、問題とされた。いくつかの地方公共団体は、このような任意提供情報を独自の例外事由として認めていた(ただし、大阪府の条例のように、あくまで公にすると当該法人等の「協力を得ることが著しく困難になると認められるもの」といった限定を伴っている)。それ以外の地方公共団体では、任意提供情報も、法人情報の例外事由もしくは後述する行政執行情報の例外事由のなかで保護されてきた。その際、情報提供者保護の必要性は認めるとしても、情報提供者が開示を拒んだり、行政機関が非開示を条件としただけで非開示とすることを認めてしまうと、提供された情報は常に非開示とされてしまう。そこで、どのような場合であれば、非開示とすることを認めうるかが問題とされてきた。

この点情報公開法は、「法人等又は個人における通例として公にしないこととされているもののその他の当該条件を付することが当該情報の性質、当時の状況等に照らして合理的であると認められるもの」に限って、非開示とすることを認めている。

この例外事由については、これを支持する学説もある。しかし、「法人等又は個人における通例として公にしないこととされている」というだけで非公開とすることを認めるのはあまりに基準として緩やかすぎるとの批判もあった。任意提供情報について例外的に非公開とすることを認めるべきだとしても、実際、イの要件だけで処理できないか疑問があるし、この例外事由は情報公開の原則を骨抜きにする危険性をもっている。それゆえ、まずこの例外事由は、許可や免許などを申請するために提出された情報には適用されないことが確認されなければならない。また、行政機関が強制的に情報の提出を求めうる場合にも、任意に提供されたときにこの例外事由の適用を認めるべきではない。あくまでこの例外事由は本当に「任意」に提供された場合に限られるべきである。

なお、公にしないとの条件が合理的かどうかは、「当該情報の性質、当時の状況等に照らして」判断される。したがって合理的だったかどうかは原則として提出時の状況に照らして判断されることになる。ただし、「等」という文言を付すことによって、提出後の事情をも考慮する余地を残したものとされている。それゆえ、いかに提出時には公にしないとの条件が合理的だったとしても、状況の変化で公開が相当と考えられる場合には、公にしないとの条件は「合理的」とはいえず、本号で非公開とすることは許されない。

公益を理由とする公開

「ただし、人の生命、健康、生活又は財産を保護するため、公にすることが必要であると認められる情報を除く」は、法人等の利益より優越する公益がある場合には公開を義務づけたものである。製薬会社から任意で提供された副作用情報などはこれによって公開を義務づけられるといわれている。

また、たとえこれに当たらず、法人情報として不開示情報に該当する場合であっても、それだけからただちにその情報の公開が禁止されるわけではない。それゆえ、公益を理由に裁量的開示の余地はある。

3　国の安全・外交に関する情報

趣旨

第五条第三号は「公にすることにより、国の安全が害されるおそれ、他国若しくは国際機関との信頼関係が損なわれるおそれ又は他国若しくは国際機関との交渉上不利益を被るおそれがあると行政機関の長が認めることにつき相当の理由がある情報」を非開示とすることを認めている。国家の安全と外交関係を保護するための例外事由であり、一般に国家秘密と呼ばれているものである(図9参照)。

図9　国の安全・外交に関する情報

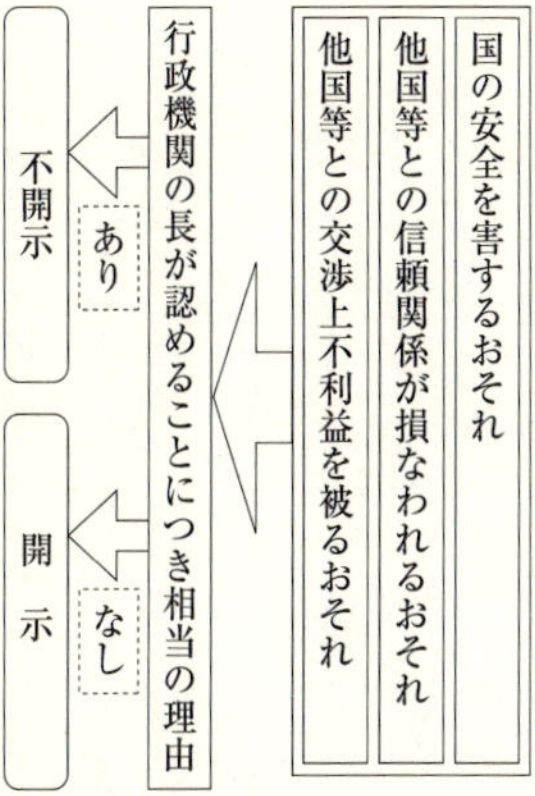

このような情報は、いずれの国においても情報公開の例外として認められてきた。この点日本では憲法第九条により戦争を放棄し戦力の不保持を定めているの

で、自衛隊は違憲であり、国の安全を害するおそれのある情報を非公開とすべき理由はないといった主張もある。しかし、現に自衛隊が存在し、国の安全を保持するために秘密とすべき情報が存在する以上、このような例外事由を設けることはやむをえないであろう。

また、憲法第九条がある以上、日本では「国の安全」は知る権利の制約を正当化するほどの公共性をもちえず、それゆえ非公開とすることが認められるのは、あくまで国民の基本的人権が侵害される場合に限られるべきだとの批判もある。だが、「国の安全」を「国民の基本的人権」に置き換えてもあまり実りはない。

しかし他方で、この例外事由は常に濫用される危険性をもっている。それゆえ、国家秘密を例外とするときは、厳格な要件を加えることが求められる。この点、アメリカの情報公開法では、「(A)大統領命令に定められた基準に基づき、国防又は外交政策のために秘密にしておくことが特に認められ、かつ(B)大統領命令に従い実際に秘密指定が正当に行われているもの」が例外事由と定められている。

本来、国家秘密はきわめて秘密性の高いものであるため、通常情報公開の例外とされるだけでなく、開示や漏洩が禁止されるものである。とすると、情報公開法の例外として開示義務を免除するにとどまらず、行政機関のもつ情報の開示を禁止する以上、秘密指定権を授権した法令に従い、指定権をもった職員が法令の定める基準と手続に従い秘密指定を行っていることと、秘密と指定された情報が実質的にも秘密として保護されるに値するものであることの双方の要件が満たされなければならない。

ところが本号では、法令に定められた基準に従い適正に秘密指定がされていることがはっきりと要件とされてはいない。また、アメリカのように、大統領命令で基準が明確に定められてもいない。しかもアメリカのように、一定期間経過後の秘密指定の自動的再検討の制度も、一定期間経過後の自動的公開の制度も存在しない。これでは、あまりに広く例外が認められてしまう危険性が高い。早急に、秘密指定の基準と手続を定め、同時に秘密指定解除の基準と手続を樹立すべきであろう。

どのような情報が非公開とされうるか

本号によって開示拒否するためには、まず「公にすることにより」、「国の安全が害されるおそれ」、「他国若しくは国際機関との信頼関係が損なわれるおそれ」または「他国若しくは国際機関との交渉上不利益を被るおそれ」がなければならない。

次に、本号によって開示拒否が認められるためには、そのようなおそれがあると「行政機関の長が認めることにつき相当の理由がある」ことが必要である。

このことは、第一に行政機関の長が、それらのおそれを理由にして秘密指定していることが必要であることを意味すると考えるべきである。それゆえ、形式的に秘密指定されていない行政文書は、開示拒否することはできない(もちろん、開示請求があってから秘密指定することは妨げられない)。

次に、行政機関の長が、そのようなおそれがあると考えて秘密指定したことに、実質的な根拠がなければならない。実質的な秘密性の要件である、非公知性、秘密保護の必要性、相当性の三要件を満たしていることが必要というべきである。

なお、この場合にも、不開示情報に該当する部分を容易に切り離して除くことが可能であれば、残りの部分は公開されなければならない。ただし、稀な場合であるが、文書の存否自体を明らかにすることが、本号の保護する利益をそこなう場合には、文書の存否を明らかにしないで開示拒否ができる。

司法審査の可能性

開示請求対象情報がこの不開示情報に該当するかどうかについても、司法審査は可能である。ただし裁判所は、通例、このような国の安全や外交に関する情報については、行政機関の長の判断を尊重すべきものと考えられる。本号が、国の安全が害されるなどの「おそれがあると行政機関の長が認めることにつき相当の理由がある情報」には、裁判所が行政機関の長の判断に相当な理由があるかどうかのみを審査すべきものと定めているのは、その趣旨である。たしかにアメリカでも国家秘密の例外事由については、裁判所は、行政機関の判断を尊重する姿勢をとっている。その意味では、日本でも基本的には行政機関の長の判断が尊重されるべきは当然であろう。

しかし、いかに行政機関の長の判断を尊重すべきだといっても、行政機関の長の判断をうのみにしてしまっては、情報公開制度は骨抜きにされてしまう。この不開示情報についても、非公開とされた情報が本号に該当するかどうかを最終的に決定するのは裁判所だということを銘記すべきであろう。また、後述するように、裁判所は、必要に応じて「ボーン・インデックス」を提出させ、「インカメラ」で審理することができるというべきであろう(一七六―一八〇頁参照)。

地方公共団体の条例のもとでの実例

地方公共団体の条例では、一般にこのような不開示情報は規定されておらず、それゆえ具体的にどのような情報がこれに当たるかは、これからに待たなければならない。

唯一の裁判例は、那覇市防衛施設情報公開事件である。これは、那覇市防衛施設局長が海上自衛隊の対潜水艦作戦センターを基地内に建設するため、建設基準法に従い設計計画通知書を市に提出したところ、この通知書および添付資料に対し公開請求があったものである。市がこの公開を決定したところ、国の安全をそこなうとして国が後述する行政執行情報に当たると主張し行政訴訟を提起したのである。

この事件で、国からの仮処分の申立てに対し、那覇地裁は、建物の壁の構造や厚さなどの強度に関する情報や施設および機材の配置に関する情報などが含まれていることを理由に、行政執行情報に当たるとして仮処分を認めた（那覇地決一九八九年一〇月一一日行集四〇巻一〇号一三七四頁）。しかし、本訴訟では、国が行政訴訟を提起する訴えの利益があるかどうかに焦点が移り、これが否定されたため（福岡高那覇支判一九九六年九月二四日行集四七巻九号八〇八頁）、これらの情報について開示拒否できるかどうかについてはまだ決着が付いていない。

4　公安情報

趣旨

第五条第四号は「公にすることにより、犯罪の予防、鎮圧又は捜査、公訴の維持、刑の執行その他の公共の安全と秩序の維持に支障を及ぼすおそれがあると行政機関の長が認めることにつき相当の理由がある情報」を不開示情報と定めている。一般に公安情報と呼ばれるものである(図10参照)。
一般論としていえば、本号に定めるような情報については非開示とすることもやむをえないものと思われる。当初、警察庁は、そもそも情報公開法の適用除外とすることを求めていたが、結局、警察庁への適用を前提として、本号の例外事由を設けて対処することで決着が付いた。

要綱案では、「開示することにより、犯罪の予防・捜査、公訴の維持、刑の執行、警備その他公共の安全と秩序の維持に支障をおよぼすおそれ」とあったが、犯罪の鎮圧が加わり、警備が削除されている。そして、「その他公共の安全と秩序の維持」が「その他の公共の安全と秩序の維持」に修正されている。これは、列挙されている事由が「公共の安全と秩序の維持」の代表例であることを明確にし、風俗営業の許認可等のいわゆる行政警察の諸活動まで広く含めて解釈されないように配慮したものといわれている。

図10　公安情報

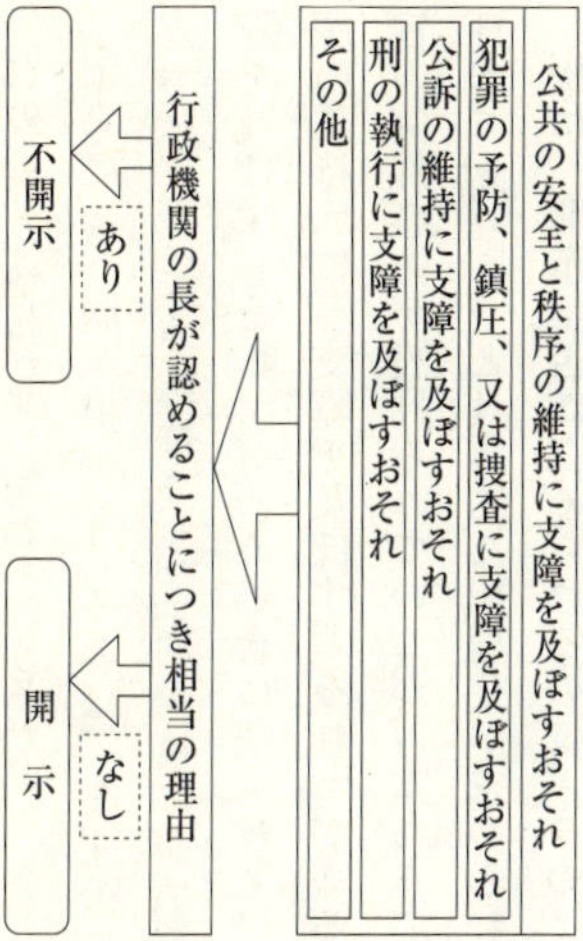

どのような情報が非公開とされうるか

本号により開示拒否できるのは、まず公にすることにより、①「犯罪の予防、鎮圧又は捜査」、②「公訴の維持」、③「刑の執行」、④「その他」の「公共の安全と秩序の維持」に「支障を及ぼすおそれ」がある場合に限られる。あくまで開示拒否できるのは、「公共の安全と秩序の維持」に「支障を及ぼすおそれ」がある場合だけである。アメリカの情報公開法でも同趣旨の例外事由が設けられているが、こちらの方は具体的な六つの類型を示して規定している。日本でも、もっと具体的な類型化が求められよう。

次に、開示拒否が認められるのは、そのようなおそれがあると「行政機関の長が認めることにつき相当の理由がある」場合に限られる。ここでも、開示拒否をするためには、第一に行政機関の長がそのようなおそれがあると認めて秘密指定しているか、あるいは法律に基づいて秘密とされていることが要求される。刑事訴訟法により捜査に関する書類等は非公開とされているが(あとで述べるように、情報公開法制定に伴い、整備法でさらに刑事訴訟に関する書類は包括的に情報公開法の対象から除外されてしまった)、それ以外の警察関係の書類はすべて法律によって開示が禁止されているわけではない。これらについては、きちんと秘密指定が必要というべきであろう。

さらに開示を拒否するためには、そのような秘密指定に実質的な根拠がなければならない。

それゆえ、国の安全・外交情報の例外事由と同様、基本的には非公知性、秘密保護の必要性、相当性の三要件が満たされることが必要とされるべきである。

司法審査の可能性

本号についても、司法審査は可能である。ただし、第三号同様、裁判所は行政機関の長の判断に相当な理由があるかどうかのみを審査すべきものと考えられている。しかし、アメリカの情報公開法のもとでの経験に照らし、本号によって国民に対する違法・不当な情報収集活動までもが非公開とされてしまう危険性がある。そのような違法・不当な活動は本号に該当しないことに注意すべきである。

地方公共団体の条例のもとでの実例

地方公共団体でも同種の規定を置いているところが少なくないが、地方公共団体では公安委員会が実施機関とされていないため、実際にこの例外事由が問題とされた事例はきわめて少ない。それゆえ、本号によってどのような情報が非公開とされうるかは、今後の展開に待たなければならない。

ただし、すでに地方公共団体の条例のもとで警察関係の出張旅費や食糧費の支出に関する公開請求に対し、包括的に非公開とすることが問題とされている。具体的に捜査等にどのような支障が生じるのかを見極める必要があろう。懇談会費の支出については、公開しても捜査等に支障が生じるおそれは少ないとして、懇談の相手方の氏名を除いて公開を命じつつ、旅費の支出については捜査との関連を認め金額などを非公開とすることを認めた下級審判決（東京地判一九九九年三月三〇日判例タイムズ一〇一七号一三三頁）などが参考になろう。

5　意思形成過程情報

趣旨

第五条第五号は、「国の機関及び地方公共団体の内部又は相互間における審議、検討又は協議に関する情報であって、公にすることにより、率直な意見の交換若しくは意思決定の中立性が不当に損なわれるおそれ、不当に国民の間に混乱を生じさせるおそれ又は特定の者に不当に利益を与え若しくは不利益を及ぼすおそれがあるもの」を不開示情報としている。いわゆる「意思形成過程情報」を例外事由と認めたものである（図11参照）。ただし、地方公共団体の条例と比較し、「意思形成過程情報」という包括的な文言を意図的に避けたうえに、非公開とすることが認められる支障を具体的に列挙した点で、評価できる。

行政機関が意思を形成する過程では自由に意見を述べることを確保することが必要であり、本号は基本的にそのような趣旨から例外事由を設けたものである。ただ、アメリカの情報公開法ではこの例外事由はあくまで「意見」のみを保護し、事実に関する情報を非公開とすることは認められていない。しかし本号は、地方公共団体の条例とその解釈を前提に、事実に関する情報であっても「不当に国民の間に混乱を生じさせるおそれ又は特定の者に不当に利益を与え若しくは不利益を及ぼすおそれがある」ことを理由に非公開とすることを認めている。

図11　意思形成過程情報

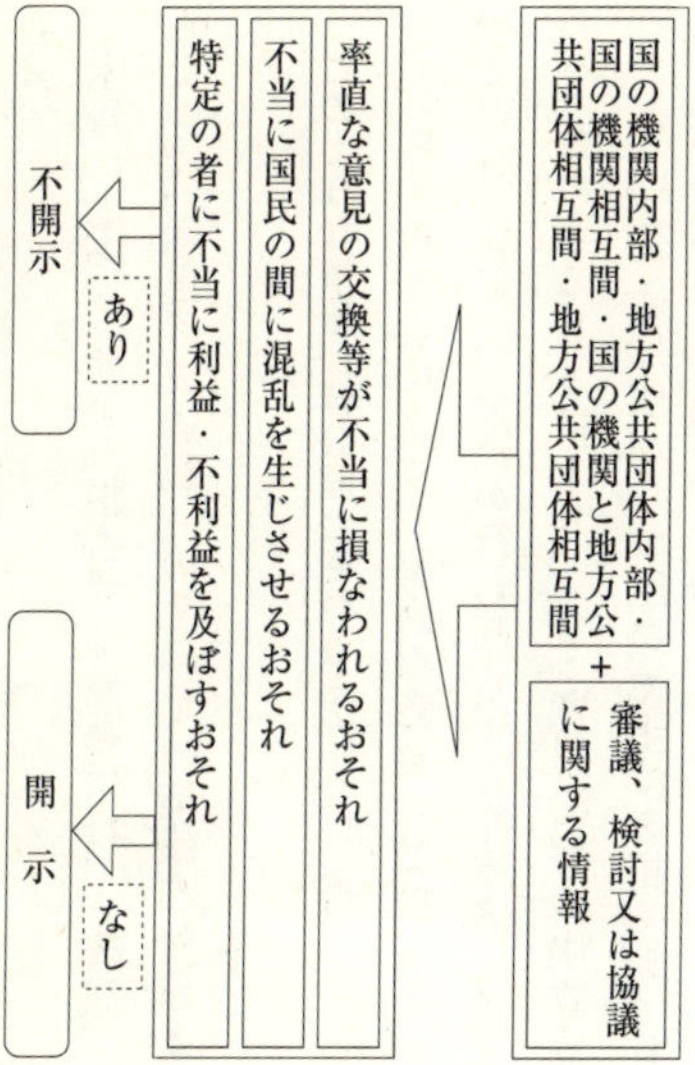

対象とされる機関

本号で例外とされるのは、「国の機関及び地方公共団体の内部又は相互間」の情報であり、対象となるのは、「国の機関の内部」、「地方公共団体の内部」、「国の機関相互間」、「国の機関及び地方公共団体相互間」、「地方公共団体相互間」のすべての関係である。国の機関には、行政機関だけでなく、国会や裁判所も含まれる。

本号によって開示を拒否するためには、「審議、検討又は協議に関する情報」でなければならない。「意思形成過程」のすべての情報が対象となるわけではない。

どのような情報が非公開とされうるか

「公にすることにより、率直な意見の交換……が不当に損なわれるおそれ」は、意思形成過程で率直な意見の交換が行われるよう発言者の氏名などを非公開とすることを認めたものである。「公にすることにより、……意思決定の中立性が不当に損なわれるおそれ」は、公開されることによって外部からの圧力や干渉を招くおそれがある場合をいう。

「不当に国民の間に混乱を生じさせるおそれ」は、たとえば調査データがまだ確認を経ていないような場合に認められよう。しかし、未精査であることを理由にいつまでも非公開とすることは許されない。ダム建設のための地質調査報告書について、大阪府が未精査であることを理由に、公開すると住民に誤解を招くとして非公開としたことが争われた事例では、最高裁判所は、客観的な調査データであり非公開とすべき理由はないとした高等裁判所の判決を支持し、公開を命じている（安威川ダム事件・最一小判一九九五年四月二七日判例集未登載）。これに対し京都府の鴨川ダム建設のため河川改修協議会に提出されたダムサイト候補地点選定位置図については、最高裁判所は、公開すると住民に無用の誤解や混乱を招くとして非公開とすることを認めた高等裁判所の判決を支持している(鴨川ダムサイト候補地点選定位置図事件・最二小判一九九四年三月二五日判例時報一五一二号二二頁)。

「特定の者に不当に利益を与え若しくは不利益を及ぼすおそれ」は、公共施設などの設置を検討しているときに候補地のひとつとして名前をあげられた結果、土地の買い占めを許して特定の者に不当に利益を与えることになったり、逆にアクセス道路予定地の一部を買収して用地買収をさまたげたり、またいわゆる迷惑施設の候補地としてあげられたことによって周辺の土地価格が下落するなどの事態を招く場合に認められよう。

合議制機関情報の取扱い

なお、地方公共団体の条例では、東京都の条例のように、合議制機関について、その機関が議事や議事録を非公開と決定したとき、情報公開の例外とすることを認める規定が含まれているところがあるが(この規定につき、東京都アセス審議会会議録事件・東京高判一九九〇年九月一三日行集四一巻九号一四二三頁参照)、そのような規定については批判が強かった。本条にはそのような例外事由は定められていないので、合議制機関の審議過程についても本号に該当しない限り、情報公開をしなければならない(東京都も、その後条例改正により、これを削除した)。

地方公共団体の条例のもとでの実例

地方公共団体の条例のもとでの事例としては、すでに触れた安威川ダム事件と鴨川ダムサイト候補地点選定位置図事件のほか、最高裁判所の判決では、逗子市の住民監査請求に関する「一件記録」に含まれる関係人の事情聴取記録について、事情聴取という将来の意思形成に支障となるとして開示を拒否する可能性を認めた事例(最二小判一九九九年一一月一九日判例時報一六九六号一〇一頁)と、リゾート開発計画につき開発事前協議書を非公開とすることを認めた事例(最一小判一九九四年一二月八日判例集未登載)がある。また、大阪府知事交際費訴訟判決では、交際事務が意思形成に関わる場合に相手方の氏名が公開されると意思形成に支障が生じるとして、非公開とすることが認められている。

6　行政執行情報

趣　旨

第五条第六号は、「国の機関又は地方公共団体が行う事務又は事業に関する情報であって、公にすることにより、次に掲げるおそれその他当該事務又は事業の性質上、当該事務又は事業

図12 行政執行情報

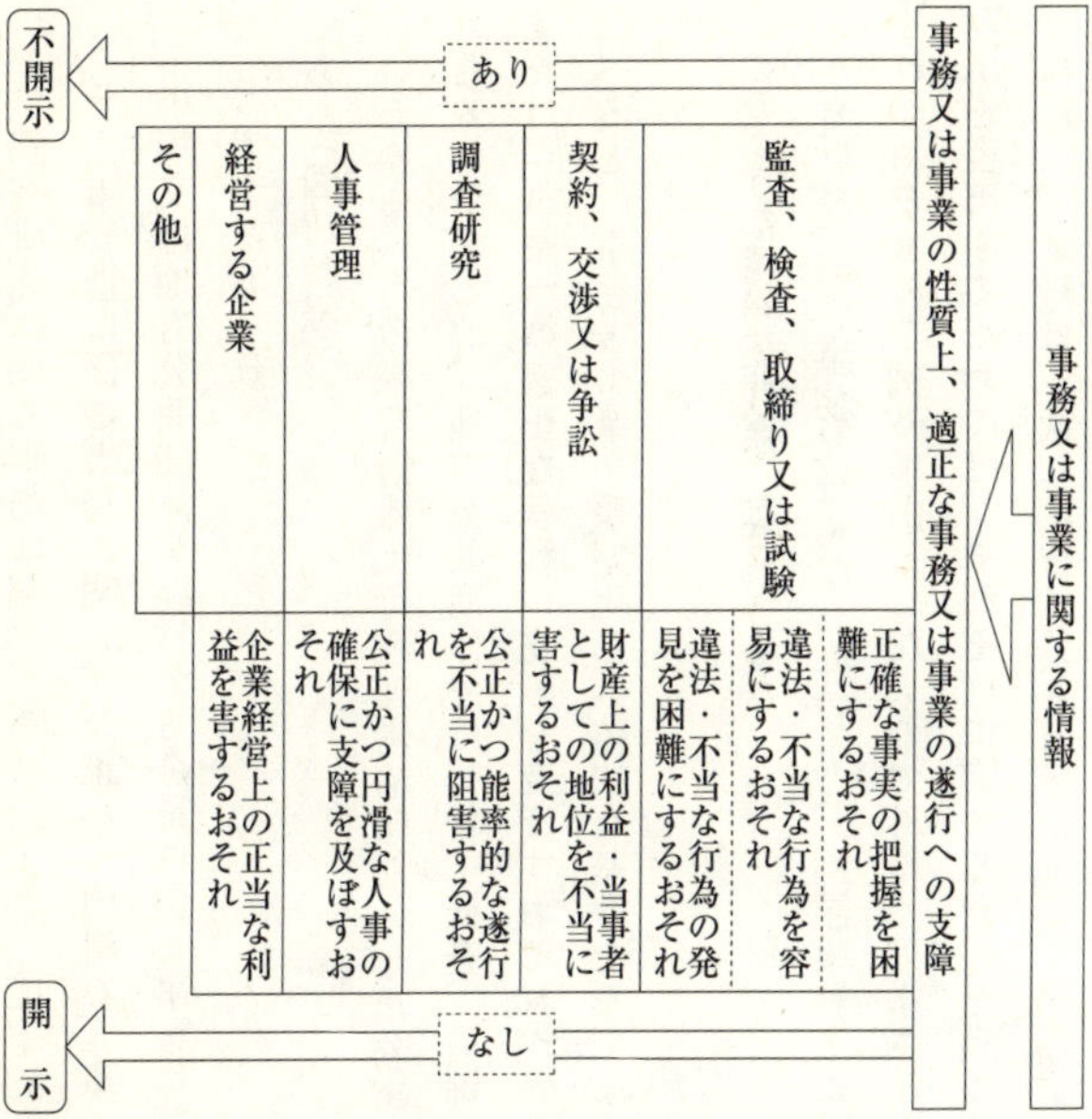

の適正な遂行に支障を及ぼすおそれがあるもの」を不開示情報とし、五つの類型を設けている。すなわち、

「イ 監査、検査、取締り又は試験に係る事務に関し、正確な事実の把握を困難にするおそれ又は違法若しくは不当な行為を容易にし、若しくはその発見を困難にするおそれ

ロ 契約、交渉又は争訟に係る事務に関し、国又は地方公共団体の財産上の利益又は当事者としての地位を不当に害するおそれ

ハ　調査研究に係る事務に関し、その公正かつ能率的な遂行を不当に阻害するおそれ
ニ　人事管理に係る事務に関し、公正かつ円滑な人事の確保に支障を及ぼすおそれ
ホ　国又は地方公共団体が経営する企業に係る事業に関し、その企業経営上の正当な利益を害するおそれ」

である(図12参照)。

いわゆる「行政執行情報」(行政運営情報ないし事務事業情報とも呼ばれる)を例外事由と認めたものであるが、地方公共団体では監督、検査、取締り、交渉などを一律に列挙し、「事務」または「事業」の適正な執行に支障を及ぼすおそれがあるときに包括的に例外としているのに比べると、事務・事業を類型化し具体的な基準をたてようとしている点で評価できる。

どのような情報が非公開とされうるか

本号は、「当該事務又は事業の性質上」、当該事務または事業の適正な遂行に支障を及ぼすおそれがあるものを例外事由としたものである。列挙されたそれぞれの事務または事業について開示を拒否するためには、それぞれに定める要件を満たさなければならない。

ただし、本号は「次に掲げるおそれその他」と規定しているので、列挙されていなくとも「当該事務又は事業の性質上、当該事務又は事業の適正な遂行に支障を及ぼすおそれがある」

場合には開示を拒否しうることになる。つまり列挙されている類型は例示であって、制限列挙なのではない。

地方公共団体の条例では、当該事務・事業だけでなく将来における同種の事務・事業の適正な遂行に支障を及ぼすおそれがある場合にも非公開とすることができることを明記しているものがあるが、本号はそのように規定してはいない。しかし「考え方」によれば、同種の事務・事業が将来も反復して行われることが予定されているときには、将来における事務・事業の適正な遂行に支障が生じるおそれがある場合も本号に該当するとされている。

本号で開示拒否するためには、定められたような「おそれ」がなければならないが、これは抽象的な漠然としたおそれでは足りず、具体的なおそれであることが必要とされるべきであろう。もちろん支障を及ぼすおそれは、事務・事業の「適正な」遂行に対して生じることが必要である。違法または不適正な遂行を隠すことは許されない。

地方公共団体の条例のもとでの実例

地方公共団体の条例のもとでの事例では、交際費・食糧費の支出に関し、相手方の氏名を公開することが交際事務に支障を生じさせるかどうかが問題とされてきた。大阪府知事交際費事件では、相手方が特定できる情報について、交際事務への支障を理由に非公開とすることが認められた。栃木県知事交際費に関する事件でも、相手方が法人である場合に、相手方が特定されうる部分については、交際事務のため非公開とすることが認められた(最一小判一九九四年一月二七日前掲、最一小判一九九四年一月二七日判例時報一四八七号四八頁)。しかし大阪府水道部懇談会費訴訟判決では、あくまで個別的に判断すべきだとされたうえ、この事件では公開しても事務事業には支障は生じないとして、開示拒否処分が取り消されている(最三小判一九九四年二月八日民集四八巻二号二五五頁)。

これらの一連の最高裁判所判決ののちは、交際費に関する事例では、差戻審が、大阪府の事例では、交際費のうち見舞いなどについては相手方氏名を非公開とすることを認めたが、弔問やお祝いの相手方氏名については公開すべきものとした(大阪高判一九九六年六月二五日行集四七巻六号四四九頁)のに対し、栃木県の事例では、相手方が特定されうる部分をほぼ全面的に非公開とすることを認めた(東京高判一九九八年三月一六日判例タイムズ一〇〇三号一八六頁)。

ただし、すでに見たように、食糧費については、下級審では、個別的に検討し、公務員ないし団体の職員として接待を受けたのであるから、相手方氏名、所属団体名、役職名などを非公開とすることは認められないとする事例がふえている(仙台地判一九九六年七月二九日前掲、大阪高判一九九八年六月一七日前掲)。

このほか、すでに見たように逗子市の住民監査請求に関する一件記録に含まれる関係人の事情報取記録について、訴訟の方針に関する情報として開示を拒否する可能性が認められている（最二小判一九九九年一一月一九日前掲）。また、教育に関しては指導要録（東京高判一九九四年一〇月一三日判例集未登載）、人事に関しては公立学校教員採用候補者選考審査に関わる択一式問題およびその解答（高知地判一九九八年三月三一日判例タイムズ九八四号一二四頁）などについて、この不開示情報に当たるとして非公開とすることが認められている。

他方、公共工事の設計価格（東京高判一九九九年三月三一日判例時報一六七八号六六頁）や予定価格（大阪地判一九九八年三月一二日判例時報一六六四号五〇頁）、港の建設工事に関する補助金申請書（高松高判一九九四年五月二三日判例地方自治一二九号一九頁）などは非公開とすることは認められなかった。また、県の出資する第三セクターから提出された決算資料等の経営状況も公開を命じられている（宮崎地判一九九七年一月二七日判例時報一六二八号一二頁）。

7　関連する問題

法令秘の取扱い

地方公共団体の条例では、これ以外に法令によって公開することができない情報、いわゆる法令秘が例外事由として定められている。アメリカの情報公開法でも同様である。しかし情報公開法は、他の法令との調整は、そのような調整を一括してはかる「整備法」と呼ばれる法律で行うこととし、法令秘の例外事由を置いていない。

その結果、整備法では、登記簿等文書のように、公開・非公開が他の法令で体系的に整備されている場合について情報公開法の適用を除外する趣旨で、一定のものが適用対象外と定められた。このような処理は不合理とはいえないが、そのなかには、刑事訴訟法の「訴訟に関する書類及び押収物」も含まれており、このような包括的な適用除外が妥当だったかきわめて疑問とされよう。

他方、整備法で情報公開法の適用を除外されたもののほかにも、法令のなかには一定の情報について公開を禁止したものと解しうるものがある。そのような場合には、どのような法令について情報公開法の例外を認めることができるかという問題が生じる。これに関し地方公共団体の条例のもとでの事例では、一義的に開示を禁止した規定でなくても、法令秘として開示を拒否したものがある。情報公開法の例外と認めるためには、他の法律で一義的に公開を禁じることが明記されている場合に限られるべきである。

また、この点でとくに問題とされてきたのは、著作権との関係である。行政機関が著作物を保有している場合、それを公開することは、著作者のもつ公表権などを侵害することになる。そこで、たとえば建築確認申請書添付のマンションの平面図の公開が求められた事例などでは、裁判所は、公開は著作権法で認められた公表権を侵害すると判断してきた（東京高判一九九一年五月三一日前掲）。そこで整備法では、著作権法を改正し、未公表の著作物を行政機関に提供した場合、開示決定までに別段の意思表示をしない限り情報公開法に従って公開することに同意をしたものとみなすこととし、情報公開法に従って公益を理由に記録を公開する際には公表権の規定を適用しないこととし、また情報公開法による写しの交付が著作権の侵害とならないようにした。これにより著作権との調整はかなりはかられたといえる。

協力関係情報

また地方公共団体の条例では、国や他の地方公共団体との間の信頼関係を維持するための例外事由、いわゆる「協力関係情報」の例外が設けられているが、情報公開法にはその種の規定は置かれていない。地方公共団体では、主として国の機関委任事務について主務大臣から非公開とするよう指示があった場合にこの例外事由が必要であったが、国の場合にはそのような配慮が不要であるから規定されなかったものと思われる。したがって、地方公共団体の提出した文書などで、公開することが地方公共団体との信頼関係を損なうおそれがある場合でも、列挙されている例外事由のいずれかに該当しない限り、請求を拒否することは許されないことになる（第五条第二号の「法人」には地方公共団体は含まれない点に留意されたい。それゆえ第二号の任意提供情報の例外事由は、地方公共団体の提出した文書には適用されない)。

国会や裁判所など国の他の機関から提出された文書については、第五号もしくは第六号の例外事由への該当可能性が問題となるかもしれない。

V　開示拒否にどのような救済が用意されているか

1　不服申立てと情報公開審査会への諮問

不服申立て

開示請求に対して開示拒否決定をされた場合、行政不服審査法に従って不服の申立てをすることができる。不服申立ては、処分庁に対する異議申立てと、上級庁に対する審査請求に区別される。しかし、いずれにしても不服申立ては、行政上の救済として意味がないわけではないが、一般的にいうと、行政機関に再考を申し立てるものであり、実際に救済が与えられる可能性は低い。

そこで、地方公共団体で情報公開制度が導入されたときに、行政上の救済として何らかの第三者機関を設置すべきだと考えられた。ただし、法的拘束力をもった決定を下すことができる裁決機関の設置には地方自治法により法律が必要であるため(第百三十八条の四第一項)、これは困難と考えられた。そこで、一部の地方公共団体では、オンブズマン制度を導入し、独任制の情報公開監査委員が救済の申立てを受ける制度を取り入れた(埼玉県)。これに対し、多くの地方公共団体は、複数の委員からなる合議制の諮問機関(情報公開審査会)を設置し、不服申立て

図13　不服審査手続きの流れ

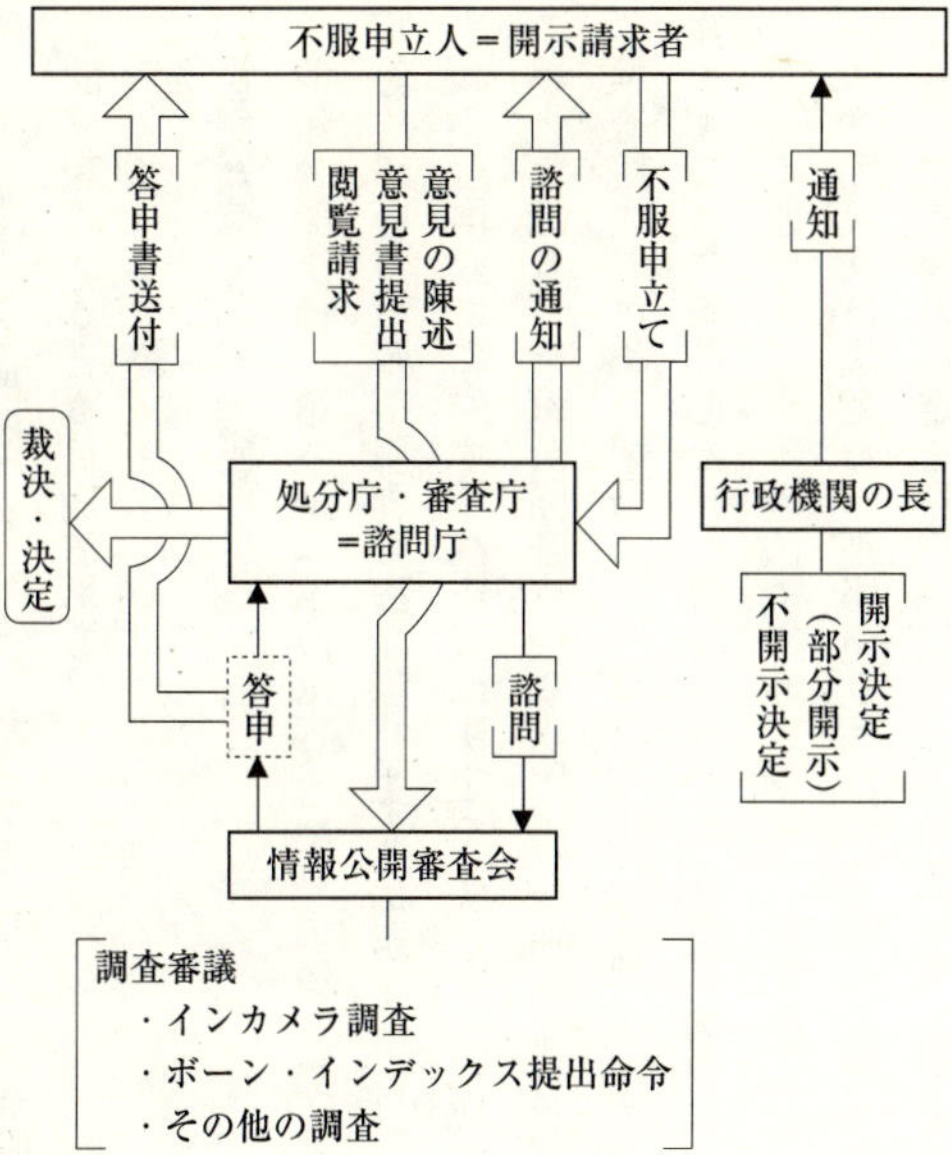

があった場合にはそこに諮問して、その答申を尊重して不服申立てに裁決・決定を下すという仕組みをとった。この場合、あくまで第三者機関は諮問機関であるので、その答申には法的拘束力はない。ただ、事実上その答申を尊重することによって、実質的に救済の実をとろうとしたわけである。

情報公開法は、これを受けて、地方公共団体と同様、情報公開審査会を設置し、不服申立てがあった場合、この審査会に諮問することとした（図13参照）。

なお、異議申立ては、処分があったことを知った日の翌日から起算して六十日以内にしなければならない(行政不服審査法第四十五条。審査請求については、第十四条参照)。不服申立て前置主義はとられていないので、不服申立てをしないで、いきなり裁判所に訴訟を起こすことも可能である。

情報公開審査会への諮問

情報公開法は、第三章「不服申立て等」の第一節「諮問等」のなかの第十八条で、「開示決定等について行政不服審査法(昭和三十七年法律第百六十号)による不服申立てがあったときは、当該不服申立てに対する裁決又は決定をすべき行政機関の長は、次の各号のいずれかに該当する場合を除き、情報公開審査会(不服申立てに対する裁決又は決定をすべき行政機関の長が会計検査院の長である場合にあっては、別に法律で定める審査会。第三節において「審査会」と総称する。)に諮問しなければならない」とし、次の二つの場合をあげる。

「一　不服申立てが不適法であり、却下するとき。

二　裁決又は決定で、不服申立てに係る開示決定等(開示請求に係る行政文書の全部を開示する旨の決定を除く。以下この号及び第二十条において同じ。)を取り消し又は変更し、当該不服申立てに係る行政文書の全部を開示することとするとき。ただし、当該開示決定等について反対意見書が提出されているときを除く」

地方公共団体の場合、裁決機関の設置は地方自治法とのかねあいで困難だと考えられたために、諮問機関として情報公開審査会を設置したものであるが、国の場合は法律で情報公開制度を導入するのであるから、このような問題は生じない。したがって、国であれば裁決機関を設置してもよかった。ところが、裁決機関とすると手続が厳格となり、簡便な救済が困難になるなどの理由で、結局、地方公共団体と同様の諮問機関として第三者機関を設置し、その意見を仰ぐことにしたわけである。

諮問が必要な場合

審査会への諮問が必要なのは、「開示決定等について行政不服審査法(昭和三十七年法律第百六十号)による不服申立てがあったとき」である。

この点、開示決定等には、開示決定も開示拒否決定も含まれ、それゆえ開示請求者の立場からいえば、部分開示決定、不開示情報に該当することを理由とする全部開示拒否決定、文書不存在を理由とする開示拒否決定、文書の存否を明らかにしないでする開示拒否決定のいずれについても、不服申立てをした場合には情報公開審査会に諮問してもらえることになる。このうち文書不存在を理由とする開示拒否決定に対しても、不服申立てと審査会への諮問の途が開かれたことは評価できる。すでに見たように、地方公共団体の条例では、文書不存在を理由とする開示拒否の場合、不服申立ての途が閉ざされているところもあったからである。

これに対し、諮問が不必要だとされているのは、「一　不服申立てが不適法であり、却下するとき」と、「二　裁決又は決定で、不服申立てに係る開示決定等(開示請求に係る行政文書の全部を開示する旨の決定を除く。以下この号及び第二十条において同じ。)を取り消し又は変更し、当該不服申立てに係る行政文書の全部を開示することとするとき。ただし、当該開示決定等について反対意見書が提出されているときを除く」の二つである。

このうち、第二号の場合、開示拒否決定が取り消されるか変更されて、請求に関わる行政文書の全部が開示されることになるから、開示請求者の立場からいえばあまり問題はないといえよう。これに対し第一号の場合は、若干問題がある。たとえば不服申立て期間がすぎていることを理由に不服申立てを却下するような場合、処分があったことを知った日がいつか、開示請求者と行政機関とで意見が異なる場合がありうる。そのような場合にまで、審査会に諮問することなく不服申立てを却下できるようでは、せっかくの諮問手続の意義が失われてしまう。開示請求者との間に食い違いがあるなら、不服申立てを却下せず、審査会に諮問すべきであろう。

諮問をした旨の通知

第十八条の規定により諮問をした場合、「諮問した行政機関の長(以下「諮問庁」という。)は、

次に掲げる者に対し、諮問をした旨を通知しなければならない」(第十九条)。すなわち、

「一　不服申立人及び参加人
二　開示請求者(開示請求者が不服申立人又は参加人である場合を除く。)
三　当該不服申立てに係る開示決定等について反対意見書を提出した第三者(当該第三者が不服申立人又は参加人である場合を除く。)」

である。開示請求者が、開示拒否決定に対して不服申立てをしている場合は、開示請求者は同時に不服申立人であるので、第一号の資格により通知を受けることになる。

2　情報公開審査会とはどんな機関か

情報公開審査会の設置および構成

情報公開法は、第三章第二節「情報公開審査会」において、「第十八条の規定による諮問に応じ不服申立てについて調査審議するため、内閣府に、情報公開審査会を置く」と定める(第二十一条)。諮問機関を設置するときは、当該行政機関に設置するのを通常とするが、情報公開審査会の場合、内閣府に設置され、すべての行政機関に対する不服申立てについて諮問を受ける点に特色を有している。地方公共団体の経験から見て、かなりの数の不服申立てがあるので

はないかと予想されたため、都道府県に一つくらい置くべきではないかとの意見もあったが、後述するように、委員を内閣総理大臣が任命するなど権威ある機関とするために、内閣府(制定時は総理府)に一つだけ置かれることとなった。

情報公開審査会は、委員九人をもって組織する(第二十二条第一項)。委員は、非常勤とするが、ただし、そのうち三人以内は、常勤とすることができる(同条第二項)。委員は、優れた識見を有する者のうちから、両議院の同意を得て、内閣総理大臣が任命する(第二十三条第一項)。ただし、委員の任期が満了し、または欠員を生じた場合において、国会の閉会または衆議院の解散のために両議院の同意を得ることができないときは、内閣総理大臣は、前項の規定にかかわらず、同項に定める資格を有する者のうちから、委員を任命することができる(同条第二項)。この場合においては、任命後最初の国会で両議院の事後の承認を得なければならず、両議院の事後の承認が得られないときは、内閣総理大臣は、直ちにその委員を罷免しなければならない(同条第三項)。その性格から見て、大学関係者は別として、行政機関の関係者や経験者などは排除すべきであろう。専門的な法律問題が提起されることもあるので、一定数の法律家が含まれていることが望まれよう。

委員の任期は、三年である。ただし、補欠の委員の任期は、前任者の残任期間とする(同条第四項)。もっとも、委員は再任されることができる(同条第五項)。委員の任期が満了したときは、当該委員は、後任者が任命されるまで引き続きその職務を行うものとする(同条第六項)。

委員には、独立性が保障されており、内閣総理大臣は、「委員が心身の故障のため職務の執行ができないと認めるとき、又は委員に職務上の義務違反その他委員たるに適しない非行があると認めるとき」に限って、「両議院の同意を得て」、その委員を罷免することができるとされている(同条第七項)。

委員は、後述するように「インカメラ」調査により開示拒否とされた開示請求対象文書を見聞することもできるので、守秘義務を負わせることが必要となる。そこで情報公開法は、「委員は、職務上知ることができた秘密を漏らしてはならない。その職を退いた後も同様とする」と定め(同条第八項)、これに違反した場合には一年以下の懲役または三十万円以下の罰金が科されることになっている(第四十四条)。この刑罰は、一般の守秘義務違反の場合よりやや重いものとなっている。

委員は、在任中、政党その他の政治的団体の役員となり、または積極的に政治運動をしてはならない(第二十三条第九項)。常勤の委員は、在任中、内閣総理大臣の許可がある場合を除き、報酬を得て他の職務に従事し、または営利事業を営み、その他金銭上の利益を目的とする業務を行ってはならない(同条第十項)。委員の給与は、別に法律で定める(同条第十一項)。

審査会の組織

情報公開審査会に、会長を置き、委員の互選によりこれを定める(第二十四条第一項)。会長は、会務を総理し、情報公開審査会を代表する(同条第二項)。会長に事故があるときは、あらかじめその指名する委員が、その職務を代理する(同条第三項)。

情報公開審査会は、その指名する委員三人をもって構成する合議体で、不服申立てに係る事件について調査審議する(第二十五条第一項)。つまり、情報公開審査会は、部会方式をとり、三つの部がそれぞれ不服申立てに関する調査審議を担当するわけである。ただし、「前項の規定にかかわらず、情報公開審査会が定める場合においては、委員の全員をもって構成する合議体で、不服申立てに係る事件について調査審議する」(同条第二項)。どのような場合に全員の合議になるかは、政令と審査会規則などを待たなければならない。

情報公開審査会が適切に事務を行うためには、事務局が不可欠である。そこで、情報公開法は、「情報公開審査会の事務を処理させるため、情報公開審査会に事務局を置く」こととした(第二十六条第一項)。事務局には、事務局長のほか、所要の職員を置く(同条第二項)。事務局長は、会長の命を受けて、局務を掌理する(同条第三項)。

3　審査会の調査審議はどのように行われるか

審査会の調査権限

審査会は、諮問を受けて、当該不服申立てに対し処分庁・審査庁（＝諮問庁）がどのように決定・裁決を行うべきかを調査審議する。第三者機関による公正な判断を確保するためには、審査会にそれにふさわしい調査権限を認めることが不可欠である。

そこで情報公開法は、第三節「審査会の調査審議の手続」のなかの第二十七条において、「審査会は、必要があると認めるときは、諮問庁に対し、開示決定等に係る行政文書の提示を求めることができる。この場合においては、何人も、審査会に対し、その提示された行政文書の開示を求めることができない」（第一項）と定めるとともに、「諮問庁は、審査会から前項の規定による求めがあったときは、これを拒んではならない」（第二項）と定める。いわゆる「インカメラ」調査と呼ばれるものである。

また、「審査会は、必要があると認めるときは、諮問庁に対し、開示決定等に係る行政文書に記録されている情報の内容を審査会の指定する方法により分類又は整理した資料を作成し、審査会に提出するよう求めることができる」（同条第三項）。いわゆる「ボーン・インデックス」

提出命令と呼ばれるものである。

さらに情報公開法は、「第一項及び前項に定めるもののほか、審査会は、不服申立てに係る事件に関し、不服申立人、参加人又は諮問庁(以下「不服申立人等」という。)に意見書又は資料の提出を求めること、適当と認める者にその知っている事実を陳述させ又は鑑定を求めることその他必要な調査をすることができる」とする(同条第四項)。

これらによって、第三者機関である情報公開審査会が、開示拒否決定が適法であったかどうか、妥当であったかどうかについて十分な審査ができるよう確保しようとしたものである。

なお、「審査会は、必要があると認めるときは、その指名する委員に、第二十七条第一項の規定により提示された行政文書を閲覧させ、同条第四項の規定による調査をさせ……ることができる」(第三十条)。これは、開示請求対象文書が地方の出先機関などに保有されている場合などに、委員全員ではなく一部の委員のみが地方に赴くなどして、必要な調査ができるようにするためのものである。

インカメラ調査

このうち最も重要なのはインカメラ調査である。

もともとアメリカでは、情報公開法のもとで裁判所が開示拒否決定の適法性を審査する際に、開示請求対象文書を裁判官室で当事者およびその代理人を排除して直接吟味する手続がとられていた。これが「インカメラ(裁判官室での)審理」と呼ばれるもので、アメリカにおいては情報公開を確保するために不可欠な手続と考えられている。情報公開法は、これを行政上の救済にも導入するために、審査会にインカメラ調査権を認めたものである。地方公共団体の条例のもとでも一般に情報公開審査会は明文の規定がなくても当然そのようなインカメラ調査を行っていたので、それが明文の規定で確認されたという点に意義がある。

実際に開示拒否決定を受けた開示請求対象文書を直接見ることなく、そこに記録されている情報が不開示情報に該当するかどうかを適切に審査することは不可能であり、その意味でこのインカメラ調査は不可欠なものというべきである(それができなければ、開示請求対象文書にどのようなことが記録されているのか、行政機関がそこに記録されていると主張していることが本当に正しいのかどうかを確認するすべはなくなってしまう)。しばしばこの情報公開審査会のインカメラ調査は、訴訟になったときに裁判所ではインカメラ審理ができないため重要な意味をもっていると説明されるが、これは本末転倒である。そもそも訴訟になれば裁判所がインカメラ審理できるのは当然であるが、行政上の救済でもそれが確保されたことに意味があると考えるべきであろう。

インカメラ調査は、「必要があると認めるとき」行うことができるとある。開示請求対象文書の性質やそこに記録されている不開示情報の性格によっては(つまり国家の安全や外交に関する情報など秘密保護の必要性の高い情報が記録されている場合など)、インカメラ調査が必要でない場合もあるとの声も聴かれるが、一概にそう考えるのは妥当ではあるまい。あくまで「必要がある」かどうかは審査のために「必要がある」かどうかであり、開示請求対象文書を直接見るまでもなく開示拒否決定が違法と判断されうるような場合を除いては、情報公開審査会は開示請求対象文書をきちんとチェックすべきであろう。

諮問庁がこれを拒むことはできないのは当然である。また、これによって提出された開示請求対象文書については、何人も開示を請求できないことも当然である。

ボーン・インデックス提出命令

このように情報公開審査会には開示請求対象文書を直接見る権限が確保されているが、対象文書が大量で、しかも複数の不開示情報が多数含まれているような場合、これをきちんと整理した資料があると審査会の審議にとって有益である。そこで意味をもつのが、ボーン・インデックス提出命令である。

これももともとアメリカで、情報公開に関する訴訟を審理するために、裁判所が、行政機関に対し、非公開とした情報をそれぞれ非公開とした理由とともに項目別に整理した文書の提出を命令したことに由来する(これがはじめに命じられた事件がボーン教授による公開請求事件に関する訴訟であったため、その後一般にこの文書は「ボーン・インデックス」と呼ばれるようになったものである)。アメリカでは裁判所がインカメラで直接開示請求対象文書を吟味できるが、やはり対象文書が大量で、しかも複数の例外事由が含まれている場合などにこのようなインデックスは有益である。そこで現在では、情報公開訴訟ではほとんどまず行政機関にこのボーン・インデックスの提出が求められており、そしてそのうえで必要に応じてインカメラの審理が行われている。

情報公開法は、これを行政上の救済にも導入するために、この提出命令を明記した。これも、訴訟では裁判所でも当然そのような命令が出せるが、行政上の救済のレベルでもそれが確保された点に意義がある。第一項の場合と異なり、諮問庁が提出を拒むことができないことは明記されていないが、明記されていなくてもこれは当然である。

意見の陳述および意見書の提出

また、情報公開審査会が適切な判断を下すためにも、不服申立人等に意見を述べる機会を与えることが必要である。

そこで情報公開法は、第二十八条で、「審査会は、不服申立人等から申立てがあったときは、当該不服申立人等に口頭で意見を述べる機会を与えなければならない。ただし、審査会が、その必要がないと認めるときは、この限りでない」と定める(第一項)。「前項本文の場合においては、不服申立人又は参加人は、審査会の許可を得て、補佐人とともに出頭することができる」(同条第二項)。

審査会が、「その必要がないと認めるとき」は意見を述べる機会を与える必要はないとされているが、不服申立人の立場では、意見を述べる機会は重要な意味をもっている。安易に「その必要がない」とすべきではあるまい。

なお「審査会は、必要があると認めるときは、その指名する委員に、……第二十八条第一項本文の規定による不服申立人等の意見の陳述を聴かせることができる」(第三十条)。これにより、地方在住の不服申立人から意見を聴くような場合には、一部の委員だけが地方に赴くなどして意見を聴くことができ、地方在住者が東京まで出かける不便を免れうることになっている。

また、「不服申立人等は、審査会に対し、意見書又は資料を提出することができる。ただし、審査会が意見書又は資料を提出すべき相当の期間を定めたときは、その期間内にこれを提出しなければならない」(第二十九条)。

「不服申立人等は、審査会に対し、審査会に提出された意見書又は資料の閲覧を求めることができる。この場合において、審査会は、第三者の利益を害するおそれがあると認めるときその他正当な理由があるときでなければ、その閲覧を拒むことができない」(第三十一条第一項)。ただし、「審査会は、前項の規定による閲覧について、日時及び場所を指定することができる」(同条第二項)。

調査審議の手続

審査会の行う調査審議の手続は、公開しない(第三十二条)。また、「この節の規定により審査会又は委員がした処分については、行政不服審査法による不服申立てをすることができない」(第三十三条)。

なお、「この節に定めるもののほか、審査会の調査審議の手続に関し必要な事項は、政令……で定める」こととされている(第三十五条)。

4　情報公開審査会の答申と諮問庁の裁決・決定

答　申

情報公開審査会は、調査審議の結果を、答申する。情報公開法は、この答申について、「審査会は、諮問に対する答申をしたときは、答申書の写しを不服申立人及び参加人に送付するとともに、答申の内容を公表するものとする」(第三十四条)。

諮問庁による裁決・決定

この答申を受けて、諮問庁は、不服申立てに対して裁決・決定を行う。

情報公開法には、この答申の効力についての規定は置かれていない。情報公開審査会が諮問機関である以上、その答申には法的拘束力はない。そこで制定過程でも、答申の尊重義務を明記すべきではないかが問題とされた(実際、一部の地方公共団体ではそのような尊重義務が明記されている)。結局のところそのような規定は置かれなかったが、しかし、第三者機関の判断を仰ぐというその制度趣旨から見て、諮問庁がこの答申を尊重すべきことは当然である。

なお、情報公開審査会の答申を受けて、諮問庁が開示を決定し、開示を実施するに際しては、第三者保護のため開示の実施との間に少なくとも二週間を置かなければならないことがある(第二十条第二号)。

会計検査院についての特例

情報公開法は会計検査院にも適用されるが、その特別な憲法上の地位に照らし、行政上の救済については、特例を設けている。

それゆえ情報公開法第十八条は、情報公開審査会に代え、「不服申立てに対する裁決又は決定をすべき行政機関の長が会計検査院の長である場合にあっては、別に法律で定める審査会」に諮問すべき旨定め、これを受けて会計検査院法第十九条の二で、会計検査院に「会計検査院情報公開審査会」が設置され、非常勤の委員三人によって組織されることとなった。そして、委員は内閣総理大臣ではなく会計検査院の院長が任命するが、それ以外は基本的に情報公開審査会と同じ組織となっており、委員にも同様の守秘義務が課されている(同法第十九条の三、第十九条の四)。

情報公開法は、情報公開審査会と会計検査院情報公開審査会を併せて「審査会」と称しており、両者とも諮問、調査審議、答申について基本的には同じように扱われている。

ただし、審査会の調査審議の手続に関する必要な事項は、情報公開審査会の場合政令で定められるが、会計検査院情報公開審査会の場合は会計検査院規則によって定められる(情報公開法第三十五条、会計検査院法第十九条の五)。

Ⅵ　裁判所に訴える

1　開示拒否決定を裁判所で争う

裁判所でどのように争うか

開示拒否決定に対する不服申立てに対し情報公開審査会も開示拒否決定を支持して処分庁・審査庁が不服申立てを棄却した場合、それに不満であれば、もはや裁判所に訴えて救済を求めるほかない。もちろん、すでに見たように、不服申立て前置主義はとられていないので、不服申立てをしないでいきなり裁判所に訴えを起こすこともできる。

では、開示拒否決定を裁判所でどのように争うことができるのか。

この点、一般には、開示拒否決定を「処分」と捉え、行政事件訴訟法により取消訴訟を提起することができると考えられている。地方公共団体の条例のもとでも開示拒否決定は同じように取消訴訟で争われてきたから、情報公開法のもとでも同様であろう。

実は、アメリカであれば開示拒否決定を争い開示を求めて訴えを起こせるので、日本でも同様に開示を求めて訴訟を起こせても良さそうに思われる。またおそらくその方が開示請求者にとっては実効的な救済となることであろう。というのは、あとで述べるように、取消訴訟では、原告が勝訴しても裁判所は開示拒否決定を取り消すことができるだけで、開示を命じることができないと考えられているからである。そのため、開示拒否決定が裁判所で取り消されても、行政機関は別の理由で再び開示を拒否できるとする判例がある。これでは、いつまでたっても情報は開示されない結果になる。ただ、もしこのような別の理由による開示拒否決定は許されないと考えることができるなら、開示拒否決定が取り消されれば、事実上行政機関は情報の開示を余儀なくされる。そうであれば、取消訴訟でも事実上は十分な救済となるともいえよう。

なお被告は、処分をした行政機関である(行政事件訴訟法第十一条)。そして出訴期間は、処分があったことを知った日から三カ月以内と短く、また正当な理由がない限り処分の日から一年を経過したときは訴訟提起ができなくなる(第十四条第一項、第三項)。ただし、不服申立てをした場合には、この期間は、不服申立てに対する裁決・決定があったことを知った日、および裁決・決定の日から起算される(同条第四項)。

どの裁判所で争うことができるのか

取消訴訟を提起するとして、どの裁判所に訴訟を提起すべきであろうか。

この問題は、裁判所の土地管轄の問題である。この点、行政事件訴訟法第十二条第一項は、行政機関を被告とする取消訴訟は被告行政機関の所在地の裁判所で訴訟を提起すべきものと定めている。したがって、これをそのまま情報公開法に適用すると、訴訟は東京でしかできなくなる。そこで、これは地方在住の開示請求者にとって著しく不便であり、もっと選択の幅を広げるべきではないかと批判を受けた。実際、アメリカの情報公開法では、被告行政機関の所在地だけでなく、原告の住所地でも裁判を起こせるし、必ずコロンビア特別区の裁判所には訴訟を提起できることになっている。それだけ選択の幅が認められているわけである。日本でも、当然同じような選択の幅が認められてもよかった。

これに対し、行政訴訟の管轄地の問題は情報公開法だけの問題としてではなく行政事件訴訟法全体の問題として検討すべきであるとか、情報公開法の規定に従って決定権限が地方の出先機関に委ねられている場合にはその出先機関の所在地で訴訟を提起できるので、実質的に便宜がはかられるはずだとか、地方在住の開示請求者も東京の弁護士に依頼すれば毎回裁判所に通う必要はないのでそんなに不便はないだろうとか、もし地方で訴訟が可能となると中央省庁の職員は訴訟のたびに地方に赴かなければならず不便であるといった理由で、反対の声もあった。

最後の行政機関の職員の不便を理由とする反対の声はともかくとして、たしかに管轄の問題は行政事件訴訟法全体の問題ではあるが、情報公開法の場合にはとくに原告の便宜を図る必要がある以上、情報公開法でそれを規定することの妨げとはならないであろう。また、決定権限が地方の出先機関に委ねられれば便宜がはかられるかもしれないが、それは実際に地方の出先機関に決定権が委ねられなければ実現されない。行政機関の善意を信頼した措置ではなく、法律のうえできちんと対処しておくことが必要である。また、訴訟には打ち合わせが必要であり、東京の弁護士に依頼すれば不便はないというのは、利用者の立場からは納得できないであろう。

そこで裁判管轄の拡大を求める野党の声に押され、結局、全国八つの高等裁判所の管轄地の地方裁判所になら訴訟を提起できることで妥協が成立した。その結果、情報公開法は、第三章第四節「訴訟の管轄の特例等」として、第三十六条第一項で「開示決定等の取消しを求める訴訟及び開示決定等に係る不服申立てに対する裁決又は決定の取消しを求める訴訟(次項及び附則第三項において「情報公開訴訟」という。)については、行政事件訴訟法(昭和三十七年法律第百三十九号)第十二条に定める裁判所のほか、原告の普通裁判籍の所在地を管轄する高等裁判所の所在地を管轄する地方裁判所(次項において「特定管轄裁判所」という。)にも提起することができる」と定めた。まだ不十分とはいえ、一歩前進と評価することができよう(すでに述べたように、参議院では野党から那覇地方裁判所をこれに加えることが求められたが、これは将来の見直しに委ねられることになった)。

なお、これに伴って、「前項の規定により特定管轄裁判所に訴えが提起された場合であって、他の裁判所に同一又は同種若しくは類似の行政文書に係る情報公開訴訟が係属している場合においては、当該特定管轄裁判所は、当事者の住所又は所在地、尋問を受けるべき証人の住所、争点又は証拠の共通性その他の事情を考慮して、相当と認めるときは、申立てにより又は職権で、訴訟の全部又は一部について、当該他の裁判所又は行政事件訴訟法第十二条に定める裁判所に移送することができる」とされた(同条第二項)。やむをえないこととは思われるが、これによって結局は訴訟が東京地方裁判所に移送されて集中しないよう留意が必要であろう。

訴えの利益

取消訴訟を提起した場合に、まず問題となるのは、原告である開示請求者に「訴えの利益」があるかどうかである。というのは、行政事件訴訟法第九条は、取消訴訟を提起するためには「訴えの利益」がなければならないと定めているからである。これは原告適格の要件とも呼ばれ、自己の権利利益が侵害された人だけが訴訟を提起できるとするものである。

この点について、地方公共団体の条例のもとではじめて取消訴訟が提起された事例で、第一審横浜地裁は、開示請求をしただけでは訴えの利益を欠くとして、訴えの利益を否定し、訴えを却下した(横浜地判一九八四年七月二五日判例時報一一三二号一一三頁)。開示を求めている行政文書を閲覧することについて特別の法的な権利利益がない限り、開示拒否決定を訴訟で争うことはできないというのであった。しかし、これでは情報公開条例が住民に開示請求権を保障したことの意味はないに等しい。そこでさすがに第二審東京高裁は、この判断を覆し、情報公開条例が住民に開示請求権を保障している以上、開示請求をして開示を拒否された開示請求者は当然その開示拒否決定の取消しを求める訴えの利益をもっていると判断した(東京高判一九八四年一二月二〇日行集三五巻一二号二二八八頁)。

それ以降、いくつかの事例で地方公共団体の側が同じように訴えの利益の欠如を主張したことがあるが、この主張はすべて斥けられている。最高裁判所も、いくつかの情報公開訴訟について判断を下しているが、どの事例でも原告の訴えの利益を疑問とはしていない。それゆえ、すでに、地方公共団体の条例のもとで、開示請求をした人であれば、開示拒否決定の取消しを求める訴えの利益を有していることは確立しているものといえる。

したがって、当然国の情報公開法のもとでも、開示請求者は誰でも開示拒否決定の取消しを求める訴えの利益を有していると考えられる。

2 裁判所の審査

裁判所ではどのように審査が行われるか

裁判所では、開示拒否決定が適法かどうかが審査される。情報公開審査会と異なり、行政機関の長の判断の妥当性はストレートには問題とされない。ただし裁判所には、行政機関の長の裁量行使に濫用がなかったかどうか審査する権限はある。それゆえ、行政機関の長の判断が著しく妥当でなければ、やはり決定は違法とされることになろう。

裁判所が審査すべき事項は、開示拒否決定の根拠に応じて異なる。開示請求対象文書が不開示情報に該当することを理由とする開示拒否決定の場合は、当該開示請求対象文書に含まれる情報が不開示情報に該当するかどうかを審査する。開示請求対象文書が存在しないことを理由とする開示拒否決定の場合は、文書が実際に存在しないかあるいは物理的には存在しても組織共用文書には当たらないために法律的には存在しないと解すべきかどうかを審査する。文書の存否を明らかにしないで行われた開示拒否決定の場合は、かりに開示請求対象文書が存在しているとしたら、その文書の存在自体を明らかにすることが不開示情報の保護する利益を侵害するかどうかを審査することになる。

この点、被告行政機関は、開示拒否決定の通知の際に理由付記した根拠に加え、あるいはそれに代えて、別の開示拒否の理由を主張することができるかという問題がある。裁判所はこのような理由の追加ないし差替えに寛容であり、最高裁判所も、これを簡単に認める姿勢を示している(最二小判一九九九年一一月一九日前掲)。しかし、全く無制限に理由の追加や差替えを認めては、何のための理由付記か分からない。やはり、理由の追加や差替えは、当初の開示拒否理由と関連していて、それを追加・差替えすることが原告開示請求者に実質的に不利益にならない場合に限られるべきではなかろうか。

　なお、情報公開訴訟においては、とりわけ迅速な審理が不可欠である。何年もたってから情報が公開されても、もはやその意味が失われてしまうことは少なくない。それゆえアメリカの情報公開訴訟は、かつては優先的審理を法律上規定していたほどである。現在はこの規定は廃止されたが、それでも通常の訴訟と異なり、行政機関には短い応答期間が義務づけられているなど一定の配慮が法律上設けられており、さらに裁判所はその裁量でもって迅速な処理を行うこともできる。日本でも、当然このような迅速な審理が心がけられなければならない。情報公開法に明記されることが望ましかったが、明文の規定はなくとも、裁判所は情報公開訴訟を迅速に審理し、なるべく早期に判決を出すべきである。

立証責任

　裁判所の審査において、開示拒否決定の立証責任を原告開示請求者と被告行政機関のどちらが負うべきであろうか。立証責任とは、一定の事項について証明の必要があるときに、それが証明されなかった場合に最終的に不利益を負担する責任をいう。

　この点アメリカの情報公開法では、立証責任が行政機関にあることが法律上明記されている。地方公共団体の条例では、特段そのような規定はなかったが、しかし判例のうえでは、被告行政機関の側に立証責任があることはほぼ確立している。それゆえ、明文の規定はないが、情報公開法についても、同様に立証責任は被告行政機関の側にあると考えるべきであろう。

したがって、もし行政機関の側が開示拒否決定の適法性を立証できない場合には、裁判所は開示拒否決定の立証責任を果たさなかったことを理由に、決定を違法と判断し、取り消すべきである。

推認とインカメラ審理

裁判所が、開示拒否決定を審査する際に最も重要な役割を果たすのが、インカメラ審理である。すでに述べたように、アメリカの裁判所は、情報公開訴訟で、開示請求対象文書を裁判官室に提出させ、裁判官室で(インカメラ)、両当事者もその代理人も排除して対象文書を直接吟味することができる。アメリカの情報公開法は、この権限を明記しているが、この権限はもともと裁判所がもっていたものであり、情報公開法の規定は裁判所がインカメラ審理を行いやすくするために置かれたものにすぎない。そして、これはかならずしもすべての事件で行われるわけではないが、情報公開訴訟においては最後の手段として必要不可欠なものと考えられている。

日本でもこのようなインカメラ審理は必要不可欠と考えられるが、従来日本の裁判所では、日本国憲法第八十二条で裁判の公開が定められていることから、開示請求対象文書を当事者もその代理人も排除した非公開の裁判官室で吟味することは許されないのではないかと考えられ、このようなインカメラ審理は行われてこなかった。そこで日本の裁判所は、開示請求対象文書そのものを提出させず、したがって裁判官が開示請求対象文書を直接吟味することなく、行政機関の側の証人の公開の法廷での証言などによって、開示請求対象文書にどのようなことが書かれているかを「推認」し、開示拒否決定の適法性を審査してきたのである。

たしかにこの推認の方法にもそれなりの有効性はあると思う。しかし、裁判官が直接開示請求対象文書を見られなければ、そこに何が実際に記録されているかを確認するすべはない。行政機関の職員の公開の法廷での証言などでは、当然そこに記録されている情報の具体的なものはわからないのであるから、やはり限界がある。とすると、日本でもインカメラ審理を行う必要はきわめて強いといえよう。

しかも、実際このようなインカメラ審理は決して憲法第八十二条に反するものではない。すでに学説のうえでは、説明の仕方は異なるものの、裁判所によるインカメラ審理が憲法第八十二条に反するものではないという見解でほぼ一致しているのである。

また、しばしばアメリカでも、裁判所によるインカメラ審理では、裁判官の判断の根拠が当事者にはわからないとか、控訴されたときに裁判官の判断の根拠が確認できないなどの問題点も指摘されているが、実際にはそのような問題を指摘する声は少ない。裁判官が直接開示請求対象文書を見ないで開示拒否決定の適法性を審査することの問題性に比較すれば、あったとしてもインカメラ審理の問題点ははるかに少ないというべきである。それゆえ日本でもインカメラ審理を妨げるものは何もなく、その必要性は明らかであるといえよう。

たしかに、日本では民事訴訟法にも、行政事件訴訟法にも、情報公開法にもそのような権限を明記した規定はない。だが、すでに述べたように、アメリカでも、もともとこの権限は、何ら法律の規定がなくても当然裁判所によって行使できると考えられてきた。日本でも、このような権限は法律の規定がなくても、憲法第七十六条で裁判所に付与された司法権に当然含まれるものであり、憲法上当然裁判所は行使することができるというべきである。それゆえ、しばしば情報公開法は裁判所のインカメラ審理を予定していないと説明されるが、情報公開法の制定に関与した者の理解がどうであれ、裁判所のもつ固有の憲法上の権限を否定することはできない。

したがって、情報公開法のもとで開示拒否決定を審査する際には、裁判所は必要に応じて、被告行政機関に開示請求対象文書をインカメラ審理のために提出するよう命じることができるというべきである。もちろん、裁判所は必ずそうしなければならないわけではない。短い文書であれば、インカメラ審理をすれば簡単にすむこともあるが、高度な秘密を含む文書もあれば、専門的な知識を要するような場合もあるし、大量の文書が問題とされるときもある。それゆえ、いきなりインカメラ審理をしても適切な判断が困難なこともある。そのような場合、後述するボーン・インデックスをまず提出させて、行政機関の説明を聴きなお納得がゆかなければ、インカメラ審理をするというのが妥当であろう。ただし、最終的にはいつでもインカメラ審理を命じることができるというそのことが、行政機関が適正に情報公開法を運用する最後の担保となっていることを忘れるべきではあるまい。

ボーン・インデックス提出命令

すでに触れたように、アメリカの裁判所が情報公開訴訟で審理を助けるために編み出した手法が、ボーン・インデックスと呼ばれる手法である。これにより裁判所は、被告行政機関に対し、開示拒否された文書のなかに含まれる非公開部分を、開示拒否理由に応じて項目別に分類整理し、それぞれその開示拒否理由がわかるようにした資料の提出を命じることができる。

このような手法は、日本でも有益であり、日本でも裁判所は情報公開訴訟でこのボーン・インデックスの提出を命じるべきである。

インカメラ審理権と同様、このようなインデックスの提出を命じる裁判所の権限は情報公開法に明記されてはいない。しかし、アメリカでもこれは判例によって用いられているものである。日本でも、すでに述べたように、憲法第七十六条によって裁判所に付与された司法権に付随するものとして、裁判所は当然このようなインデックスの提出を命じる権限をもっているものというべきであろう。

3 判決

判決の内容

訴訟の過程で原告と被告が和解するなどして訴えを取り下げることがない限り、裁判所は最終的に取消訴訟に判決を下すことになる。

裁判所の判決は、請求認容の判決か、請求却下もしくは請求棄却の判決となる。裁判所が原告開示請求者の主張を支持し、開示拒否決定を違法と判断すれば、裁判所は請求を認容し、開示拒否決定を取り消す判決を下す。これに対し、開示請求が不適法であったり、訴訟提起のための期間を経過しているなどして、そもそも訴訟で争う要件を欠いている場合には、請求却下の判決となる。そして、裁判所が被告行政機関の主張を支持し、開示拒否決定は違法ではなかったと判断した場合には、請求棄却の判決となる。

しかし、地方裁判所の判決が下されても、それで終わりとなるとは限らない。請求認容の判決が下されても、被告行政機関が高等裁判所に控訴するかもしれない。たとえ高等裁判所が地方裁判所の判決を支持し、行政機関の側の控訴を棄却しても、行政機関の側はなお最高裁判所に上告して争うかもしれない。

また原告開示請求者の立場でも、地方裁判所の判決が請求却下ないし請求棄却であった場合、その判断に不服であれば高等裁判所に控訴することができるし、高等裁判所でもその主張が認められなければ、最高裁判所に上告して争うことができる。

ただし、最高裁判所は基本的に憲法違反の場合にしか上告を認めないので、情報公開訴訟の場合には、高等裁判所の判決に対し、情報公開法は憲法第二十一条の表現の自由に含まれる知る権利を実質的に具体化した法律であり、開示拒否は情報公開法の解釈を誤り、憲法第二十一条に反していると主張して上告するほかあるまい。

判決の履行

請求が却下もしくは棄却され、それが確定すると、もはやそれ以上には法的救済の途はないことになる。

これに対し請求認容の判決が確定すれば、開示拒否決定は取り消され、基本的には原告開示請求者に開示請求対象文書が開示されることになる。ただし、稀な事例であるが、地方公共団体の情報公開条例のもとで、裁判所による取消判決が確定しても、行政機関の側が開示を拒んでいる事例もある。この事例では、裁判所は、間接強制として開示するまでの間一定の制裁金の支払いを命じたが、行政機関の側は公金でこの制裁金を支払い、なお開示を拒んでいた。こんなことがまかり通るようでは、法の支配はないに等しい。アメリカであれば、裁判所の命令に従わない者は何人であれ裁判所侮辱として身柄を拘禁することができる。日本でも、裁判所は憲法第七十六条によって司法権を付与されているのであるから、その司法権を行使するために必要な固有の権限として、裁判所の命令に従わない行政機関の職員に対し裁判所侮辱として身柄を拘禁するなどの措置をとってもよいのではないか。

また、これも稀な事例であるが、地方公共団体の情報公開条例のもとで、いったん裁判所で開示拒否決定が取り消されたあと、行政機関が別の理由で再度開示を拒否した事例がある。この事例で、第一審はこれを認めず、開示拒否決定の無効を確認したが、控訴審はこれを覆し、別の理由による開示拒否決定を支持した(大阪高判一九九八年六月三〇日判例時報一六七二号五一頁)。しかし、こんなことが許されるようでは、行政機関は次から次と理由を変えていつまでたっても開示を拒否できることになる。本来的にこれは、情報公開訴訟を取消訴訟と捉えたことからくる問題なのかもしれないが、たとえ情報公開訴訟を取消訴訟と捉えるとしてもこのような事態を認めるべきではあるまい。

訴訟費用・弁護士費用の負担

日本の民事訴訟では、訴訟費用は基本的に敗訴当事者の負担となる。それゆえ、原告が勝訴すれば、訴訟費用は被告行政機関の負担とされる(行政機関が開示請求対象文書を不当に破棄した結果文書不存在となってしまった事例で、原告の請求を斥けつつ、訴訟費用の負担を行政機関の側に命じた判例がある。参考になろう)。

これに対し日本の民事訴訟では、弁護士費用は、基本的に当事者負担とされている(ただし、不法行為を理由とする損害賠償請求の場合は、むしろ弁護士費用を敗訴当事者の負担とすることが認められている)。それゆえ、この原則をそのまま適用すれば、たとえ情報公開訴訟で原告が勝訴しても、弁護士費用は原告の持ち出しとなる。情報公開制度が、すべての人に情報を公開する制度であり、情報公開訴訟を遂行する原告はある意味で公衆の代表であることを考えると、これは妥当とは思われない。しかも国民は常に自分の資力で弁護士費用を支払わなければならないが、行政機関の側は国民の税金でいつまでも訴訟を維持できるというのは、バランスを欠く。

この点アメリカの情報公開法では、情報公開訴訟で原告が実質的に勝訴した場合、被告行政機関の側に弁護士費用の負担を命じることができることが明記されている。日本でも、同じような扱いをすべきである。情報公開法に明記されることが望ましかったが、明文の規定がなくてもかまわない(不法行為の場合でも明文の規定があるわけではない)。情報公開訴訟で原告が実質的に勝訴した場合には、被告行政機関の側に弁護士費用も負担させるべきである。

損害賠償の可能性

開示請求者には、取消訴訟以外に損害賠償の途はないのであろうか。この点、地方公共団体の条例のもとで、開示決定が下されながら著しく長期にわたって開示が実施されなかった事例で、損害賠償が認められた事例がある(秋田地判一九九七年三月二七日判例地方自治一五八号五〇頁)。国の情報公開法についても、参考になろう。

Ⅶ　第三者の利益保護との調和をどうはかるか

1　第三者保護の必要性

第三者の保護も大切

情報公開を進めるうえで困難な問題の一つが、第三者の利益保護との調整をどのようにはかるかである。

この問題は、地方公共団体の情報公開条例の制定の際には、主として法人情報との関係で争点となった。行政機関の保有する行政文書のなかに、開示請求者以外の第三者である法人に関する情報が記録されているとき、行政機関は「法人情報」の例外事由に該当するかどうかを判断しなければならない。この判断のためには、当該法人から意見を聴くことが有益である。法人の立場からいっても、当該法人に関する行政文書に開示請求があったのであれば、当然意見を述べたいと思うであろう。そこで、開示決定に先立って、第三者意見聴取手続を設けるべきかどうかが問題となったのである。

しかし、地方公共団体の条例制定時には、このような意見聴取手続を設けることは、法人に開示拒否権を与えるに等しいとして厳しい批判の声があがった。そのため、多くの条例では第三者意見聴取手続について何ら触れずに、運用上そのような手続をとった。少数ながら、第三者意見聴取手続を規定した条例もあったが、それはあくまで第三者の意見を「聴くことができる」という、任意的な意見聴取手続であった。

たしかに、このような第三者意見聴取手続を設けると、実質的に法人に開示拒否権を与えることになるのではないかとの懸念に理由がないではなかった。しかし、当該第三者である法人の立場からいえば、情報公開により当該法人の正当な利益が害されるかもしれないわけであるから、意見を述べる機会が確保されることは憲法のデュー・プロセスの要請でもあった。それゆえ、このような意見を述べる機会を確保することは、望ましいというだけではなく、まさに必要なことであったというべきである。

どのような場合に第三者の保護が必要か

その後、情報公開法の制定までにこのような第三者保護の必要性は広く認められるようになった。しかも、情報公開法の場合、個人情報についても公益上の利益による義務的開示が認められているうえに、稀な場合に限られるであろうとはいえ、個人情報の裁量的開示も予定されている。したがって、情報公開法の場合は、法人情報だけでなく、個人情報についても第三者保護をはかる必要性がある。

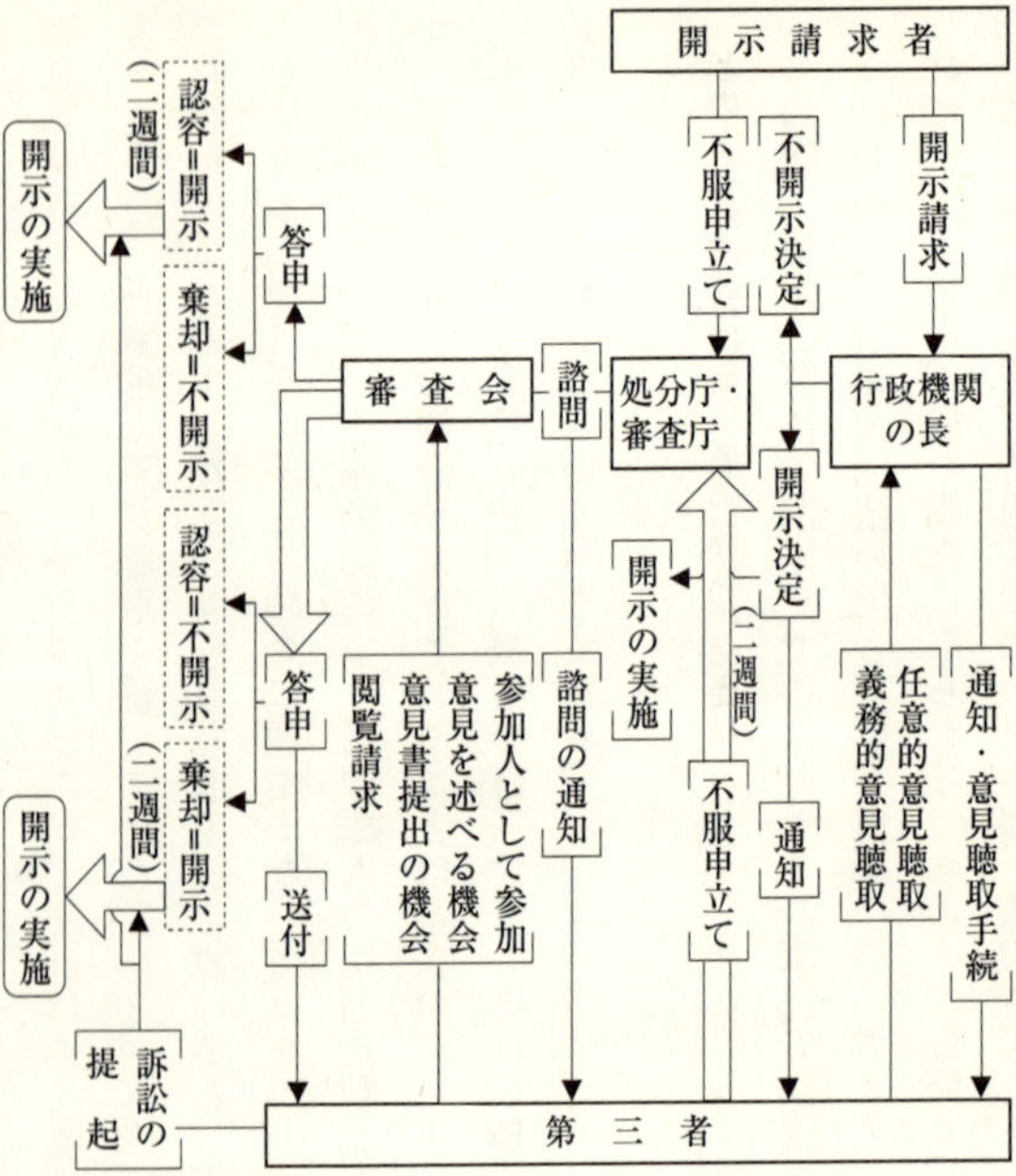

図14　第三者保護の各局面

しかも、地方公共団体の情報公開条例の経験から、第三者保護は、開示決定前の第三者意見聴取手続だけではなく、それ以外の場面でも必要であることが認識されるようになった。その一つの場面が、開示の実施に際してである。つまり、行政機関が当該第三者に関する情報が記録された行政文書の開示を決定し、開示を実施する際には、当該第三者に行政上の救済および裁判所に救済を求めるための機会を確保すべきだと考えられるようになったのである。

また、地方公共団体の条例の

もとの経験ではあまり論じられなかったが、開示決定に対して第三者が不服を申し立て、行政上の救済を求める可能性も問題とされるようになった。それとは逆に、開示拒否決定に開示請求者が不服を申し立てた場合に、情報公開審査会での手続において第三者が保護されることも必要だと考えられるようになった。そして、第三者保護は、最終的には、開示決定を裁判で争う途を確保するという形で保障されなければならない。

以下、それぞれの順に、情報公開法のもとで第三者の利益保護との調整がどのようにはかられているか見てみよう(図14参照)。

2　開示決定前の意見聴取と開示の実施

第三者に対する意見書提出の機会の付与

まず、開示請求対象文書に第三者に関する情報が記録されている場合、行政機関の長による開示決定の前に、第三者保護がはかられなければならない。

そこで情報公開法は、まず第十三条第一項で、「開示請求に係る行政文書に国、地方公共団体及び開示請求者以外の者(以下この条、第十九条及び第二十条において「第三者」という。)に関する情報が記録されているときは、行政機関の長は、開示決定等をするに当たって、当該情報に係る第三者に対し、開示請求に係る行政文書の表示その他政令で定める事項を通知して、意見書を提出する機会を与えることができる」と規定する。

すでに見たように、多くの地方公共団体では運用上とられていた措置であるが、これが法律上明記されたことの意味は大きいであろう。ただし、これはあくまで任意的な意見聴取手続であって、この規定がなくても当然できることを明記した以上の意味はない。

第三者とは、国、地方公共団体および開示請求者以外の者を指す。それゆえ地方公共団体には、意見聴取手続は適用されない。

これに対し、第二項は、「行政機関の長は、次の各号のいずれかに該当するときは、開示決定に先立ち、当該第三者に対し、開示請求に係る行政文書の表示その他政令で定める事項を書面により通知して、意見書を提出する機会を与えなければならない。ただし、当該第三者の所在が判明しない場合は、この限りでない」とし、次の二つの場合をあげる。

「一　第三者に関する情報が記録されている行政文書を開示しようとする場合であって、当該情報が第五条第一号ロ又は同条第二号ただし書に規定する情報に該当すると認められるとき。

二　第三者に関する情報が記録されている行政文書を第七条の規定により開示しようとするとき。」

第一号は、個人情報について公益上の絶対的公開事由として公開する場合と、法人情報について公益上の絶対的公開事由として公開する場合を指し、第二号は、公益上の理由で裁量的に個人情報および法人情報を公開する場合を指す。この場合には、意見聴取は義務的である。このような規定は地方公共団体の条例にも設けられていなかったので、その意味は大きいといえよう。

意見聴取をしなくてもよい場合として、「当該第三者の所在が判明しない場合」があげられている。第一項と異なり、第二項では意見聴取が義務的であるため、このような例外が設けられたわけである。ただし、緊急の必要性があって第三者に関する情報を開示しなければならない場合など、はたして必ず意見聴取手続をとる必要があるかは疑問である。緊急の必要性がある場合は、例外と解すべきであろう。

開示の実施

次に、情報公開法は、行政機関の長が開示を決定し、開示を実施する場合にも第三者保護をはかることとした。それゆえ情報公開法は、同条第三項で、「行政機関の長は、前二項の規定により意見書の提出の機会を与えられた第三者が当該行政文書の開示に反対の意思を表示した意見書を提出した場合において、開示決定をするときは、開示決定の日と開示を実施する日との間に少なくとも二週間を置かなければならない。この場合において、行政機関の長は、開示決定後直ちに、当該意見書(第十八条及び第十九条において「反対意見書」という。)を提出した第三者に対し、開示決定をした旨及びその理由並びに開示を実施する日を書面により通知しなければならない」と定める。

これにより第三者は、後述する不服申立てを行って行政上の救済を求めるか、裁判所に訴えを起こして救済を求める機会が保障されたことになる。ただし、この保護が認められるのは、第一項および第二項により意見書の提出の機会を与えられた第三者が当該行政文書の開示に反対の意思を表示した意見書を提出した場合に限られる。

この規定によれば、開示決定の日と開示を実施する日との間に少なくとも二週間を置かなければならない。規定の上では何ら例外は設けられていないが、緊急の必要がある場合にまで二週間をあけなければならないとは思われない。緊急の必要がある場合は、例外と見るべきであろう。

3 開示決定に対する第三者からの不服申立て

開示決定に対しては不服申立てができる

情報公開法は、「開示決定等」に対して不服申立てがあった場合に、情報公開審査会への諮問を義務づけており、「開示決定」に対して第三者が不服申立てを行うことができることを前提としている。この点は、地方公共団体の条例のもとでの事例では明確ではなかったことを考えると、第三者保護がより明確にされているといえよう(ただ、規定の仕方としては、開示請求者による不服申立ても、第三者による不服申立ても一緒にして規定している点で、やや適切さを欠いており、きちんと区別して規定した方がよかったように思われる)。

なお、不服申立てを行っても、開示決定の効力は停止されないため、そのままでは行政機関は開示請求対象文書を開示することを妨げられない。不服を申し立てた第三者は、同時に行政不服審査法第三十四条に従い、執行停止も申し立てる必要がある。

意見を述べる機会

開示決定に対して、第三者が不服申立てを行った場合は、その第三者が不服申立人となる。第十九条は、不服申立てについて情報公開審査会に諮問したとき、諮問庁は次に掲げる者に対し諮問をした旨を通知しなければならないとして、第一号で「不服申立人及び参加人」をあげている。

それゆえ、第三者が不服申立てをした場合は、当該第三者は第一号の「不服申立人」として通知を受けることになる。そして不服を申し立てた第三者には、情報公開法の規定に従い、意見を述べる機会、意見書を提出する機会、審査会に提出された意見書や資料の閲覧を請求する権利が保障される。

第三者からの不服申立てを棄却する場合

さらに、第三者が不服を申し立てた場合、審査会がその不服申立てを斥け、行政機関が開示請求対象文書を開示する際にも、第三者保護がはかられている。それゆえ情報公開法は、第二十条で、「第十三条第三項の規定は、次の各号のいずれかに該当する裁決又は決定をする場合について準用する」として、「一　開示決定に対する第三者からの不服申立てを却下し、又は棄却する裁決又は決定」をあげる。

したがって、第三者が開示に対する反対意見書を提出していた場合には、開示の実施までに少なくとも二週間をあけなければならないことになる。不服を申し立てた第三者は、その間に裁判所に救済を求めることができることになる。

4　開示拒否決定に対する開示請求者からの不服申立て

開示拒否決定に対し開示請求者から不服申立てがあった場合

これに対し、開示拒否決定に対し開示請求者が不服申立てを行った場合、第十九条は、諮問庁は次に掲げる者に対し諮問をした旨を通知しなければならないとし、第一号で「不服申立人及び参加人」を、第三号で「当該不服申立てに係る開示決定等について反対意見書を提出した第三者(当該第三者が不服申立人又は参加人である場合を除く。)」をあげている。

「参加人」とは、行政不服審査法第二十四条、第四十八条により処分庁・審査庁の許可を得て当該審査請求・異議申立てに参加することを認められた利害関係者のことである。それゆえ、第三者は、この規定に基づき参加人となっていれば第一号により、参加人となっていない場合は、第三号により通知を受ける。ただし、第三号により通知を受けることができるのは、当該不服申立てに関わる開示に対する反対意見書を提出した場合に限られる。

このようにして、第三者は参加人として加わることにより、情報公開法でいう「不服申立人等」として、口頭での意見陳述の機会や、意見書提出の機会、審査会に提出された意見書や資料の閲覧を請求する権利が保障される。

開示の実施

不服申立人(開示請求者)の主張が認められ、開示拒否決定が取り消されて、開示請求対象文書が開示されることになった場合、開示に反対した第三者には裁判所に救済を求める途が確保されなければならない。

そこで情報公開法第二十条は、「第十三条第三項の規定は、次の各号のいずれかに該当する裁決又は決定をする場合について準用する」として、「二　不服申立てに係る開示決定等を変更し、当該開示決定等に係る行政文書を開示する旨の裁決又は決定(第三者である参加人が当該行政文書の開示に反対の意思を表示している場合に限る。)」をあげる。それゆえ、不服申立てに関わる開示拒否決定を変更し、当該開示拒否決定に関わる行政文書を開示する旨の裁決または決定を行う場合には、開示の実施までに少なくとも二週間を置かなければならない。ただし、この保障は、第三者である参加人が当該行政文書の開示に対する反対意見書を提出している場合に限られる。反対の意思を表示していなかった場合にまで、第三者を保護する必要はないとの判断によるものである。

5　裁判所に救済を求める

どのような訴訟が可能か

行政上の救済が得られなかった場合、第三者としては裁判所に救済を求めるほか途はない。

もちろん、第三者も、行政上の救済を求めないでいきなり裁判所に訴訟を提起することができる。

では、どのような訴訟を提起すべきか。この点、情報の公開の差止めを求める訴訟を提起すべきだとの意見もあるが、一般には、開示請求者の場合と同じように、開示決定の取消しを求める訴訟を提起すべきだと考えられている。

この場合、第三者に、取消訴訟を提起する訴えの利益があるかどうかが問題となりうる。一般に情報公開法の不開示情報規定そのものを権利保護規定と解することはできないであろうが、個人情報や法人情報の例外事由は、第三者である個人のプライヴァシーの権利や法人の財産権その他正当な利益を保護するために設けられているので、開示によってこれらの利益が侵害されるおそれがあるときには、これらの法的利益に基づいて、第三者には訴えの利益が認められるであろう。

ただし、取消訴訟を提起しても、開示決定の効力は停止されないので、第三者は、裁判所に執行停止の申立てをしておかなければならない(行政事件訴訟法第二十五条)。

地方公共団体の条例のもとでの実例

地方公共団体の条例のもとでの事例として、帝京大学事件が有名である。

この事例では、栃木県が帝京大学を誘致し、施設整備補助金を交付したことに関し、大学が補助金の交付申請書に添付して提出した現年度予算書、前年度収支決算書、賃借対照表の公開が求められた。県がこれについて公開を決定したところ、大学側が公開に反対し、執行停止を求め、公開決定の取消を求める訴訟を提起したものである。

これに対し、裁判所はこれらの情報が法人情報として保護されうる可能性を認めて執行停止を命じたが、本訴訟では、公開決定を受けた情報がいずれも単年度のものであること、私立大学が公共的な性格をもつこと、他の多くの私立大学ではこれらの情報が公開されていることを指摘し、これらを公開することは大学の競争上の地位その他正当な利益を害するものではないとした(東京高判一九九七年七月一五日前掲)。

この事例は、少なくとも開示決定に対し第三者から司法的救済を求める可能性を示していよう。

損害賠償や損失補償

第三者には、取消訴訟以外にも救済の途はあるであろうか。

この点、開示決定が違法に行われた場合には、状況によっては、第三者には損害賠償を求める可能性もあろう。また、開示決定それ自体は適法であったとしても、その結果、法人の正当な利益が失われたような場合、状況によっては憲法第二十九条第三項に従い、損失補償を求めうる場合もあるというべきであろう。

Ⅷ　情報公開制度をより実効的にするために

1　情報公開制度を実効的にするための措置

政令への委任と情報公開法の施行

情報公開法第四十三条は、「この法律に定めるもののほか、この法律の実施のため必要な事項は、政令で定める」とする。すでに見たように、これを受けて、二〇〇〇年二月一六日には行政機関の保有する情報の公開に関する法律施行令(政令第四十一号)が制定されている。

そして施行については、附則第一項が、「この法律は、公布の日から起算して二年を超えない範囲内において政令で定める日から施行する。ただし、第二十三条第一項中両議院の同意を得ることに関する部分、第四十条から第四十二条まで及び次項の規定は、公布の日から施行する」と定める。これに基づき、情報公開法は、二〇〇一年四月一日より施行の予定となっている。

文書管理の重要性

情報公開法が施行され、情報公開が実効的に確立されるためには、何よりも行政文書の作成・管理がしっかりと確立される必要がある。

そこで情報公開法は、その第四章「補則」の中で、行政文書の管理について定めをおき、第三十七条で、「行政機関の長は、この法律の適正かつ円滑な運用に資するため、行政文書を適正に管理するものとする」とし(第一項)、「行政機関の長は、政令で定めるところにより行政文書の管理に関する定めを設けるとともに、これを一般の閲覧に供しなければならない」とする(第二項)。そして、「前項の政令においては、行政文書の分類、作成、保存及び廃棄に関する基準その他の行政文書の管理に関する必要な事項について定めるものとする」としている(第三項)。

実際、地方公共団体の情報公開条例のもとでの事例でも、作成されるべき文書が作成されていなかったり、保存されるべきであった文書が紛失していたり、廃棄されていた例があった。地方公共団体と同様、国の行政機関でも、文書の管理は行政機関の内規である「文書管理規程」などに基づいて行われており、しかも各行政機関ごとにバラバラであった。そこで、情報公開法は、施行に合わせ、政令で統一的な文書管理のガイドラインを制定し、さらに個々の行政機関の長に、それに従った文書の管理を徹底するよう義務づけたものである。

本来、行政文書が国民の知る権利の対象となる情報であることから考えると、行政文書の管理は法律事項であり、法律で定められるべきであったように思われるが、少なくとも政令によって統一的なガイドラインが定められることになったことは評価できよう。

これを受けて、施行令第十六条では、情報公開法第三十七条第二項の定めが満たさなければならない要件を詳細に列挙している。そして、さらに二〇〇〇年二月二五日には、各省庁事務連絡会議の申し合わせにより「行政文書の管理方策に関するガイドライン」が策定され、各行政機関における行政文書の管理が可能な限り統一的に確保されるようにしている。

開示請求をしようとする者に対する情報の提供等

また、情報公開制度を実効的に確立するためには、どの行政機関にどのような行政文書が存在するのかを示すインデックスが整備され、国民が容易に検索できることが必要である。

そこで情報公開法は、第三十八条第一項で、「行政機関の長は、開示請求をしようとする者が容易かつ的確に開示請求をすることができるよう、当該行政機関が保有する行政文書の特定に資する情報の提供その他開示請求をしようとする者の利便を考慮した適切な措置を講ずるものとする」と定める。さらに情報公開法は、「総務大臣は、この法律の円滑な運用を確保するため、開示請求に関する総合的な案内所を整備するものとする」とする(同条第二項)。

報告と公表

さらに、情報公開制度が現実にどのように運用されているかを確認するためには、その運用の現状について国会に報告し、それが国民に公表されることが不可欠である。

そこで情報公開法は、第三十九条で、「総務大臣は、行政機関の長に対し、この法律の施行の状況について報告を求めることができる」と定め(第一項)、さらに「総務大臣は、毎年度、前項の報告を取りまとめ、その概要を公表するものとする」(第二項)。

アメリカの情報公開法では、各行政機関は司法長官へのきわめて詳細な報告を求められており、司法長官はそれを連邦議会等に報告するとともに、一つのウェブサイトでインターネット上公開することとされている。それには、各行政機関が開示拒否した件数や、その根拠とされた不開示情報の種類や、開示拒否決定をした職員ごとの開示拒否決定の数なども含まれている。情報公開を実効的に確立するためには、同じように詳細な事実が報告され、さらに国民に公表されるべきであろう。

行政機関の保有する情報の提供に関する施策の充実

情報公開制度は、国民から行政文書に対して公開請求があったときに行政文書の公開を定めているが、その趣旨からいえば、国民からの請求を待つまでもなく行政機関が情報を提供し、国民が情報にアクセスできるようにすることが求められる。

そこで情報公開法は、その第四十条で、「政府は、その保有する情報の公開の総合的な推進を図るため、行政機関の保有する情報が適時に、かつ、適切な方法で国民に明らかにされるよう、行政機関の保有する情報の提供に関する施策の充実に努めるものとする」と定める。その保有する「情報の公開」の総合的な推進と称されてはいるが、ここで謳われているのは、行政機関による行政情報の国民への積極的な提供の促進である。

この点、実はアメリカの情報公開法には、何人にも行政機関の記録への開示請求を保障した部分に加え、一定の行政情報を連邦公示録と呼ばれる公刊物に掲載することを法的に義務づけた部分と、一定の行政情報を行政機関の「閲覧室」に備えて国民が誰でも閲覧可能にすることを法的に義務づけた部分がある。しかも、連邦公示録は現在ではインターネット上で閲覧可能であるし、閲覧室規定には、一九九六年の改正で閲覧室に備え付けるべき情報がウェブサイトでインターネット上公開されるべきことが義務づけられた。いわば「電子的閲覧室」が義務づけられたわけである。しかも一九九六年の改正で、いったん情報公開請求があった記録で将来同様の請求がありそうだと予想されるものについては、この電子的閲覧室でインターネット上公開されることになった。

日本でも同様の義務を法的に設けるべきであった。将来の課題といえよう。

2 情報公開法と地方公共団体の情報公開

地方公共団体の条例はどうなるのか

情報公開法の制定に際し、地方公共団体の情報公開条例の扱いが問題とされた。

もともと地方公共団体で情報公開条例が導入されたとき、地方公共団体の保有する公文書の公開について議論が生じた。地方公共団体の固有の事務について、地方公共団体が条例を制定し、情報公開を定めうることに疑問はなかった。しかし、実際には地方公共団体の事務の八割近くは国の機関委任事務であった。これらは実際には国の事務であり、地方公共団体の長は、これらの事務を国の機関として遂行していた。そこで、この機関委任事務について条例で情報公開を定めうるかが問題とされたのであった。

しかし、これについて自治省は、公文書の管理は地方公共団体の事務であり、機関委任事務遂行について主務大臣から指示がない限り、地方公共団体が情報公開することを妨げられないとする解釈を示し、若干不明確な点はありながら、これによって機関委任事務についても情報公開が進められてきた。ただ、主務大臣から公開しないよう指示があった場合には、公開を拒めるよう、各地方公共団体は、独自の例外規定を設け、あるいは行政執行情報の例外事由のもとに読み込み、あるいは法令秘の例外事由に読み込んで、対処した。

しかし、この機関委任事務は、地方分権推進一括法の成立により、二〇〇〇年四月一日より廃止され、地方公共団体の事務は、自治事務と法定受託事務の二つに変更された。しかも、この法律は地方の権限を大きく拡大した。

そして情報公開法は、このような地方分権の推進を背景にして、第四十一条において、「地方公共団体は、この法律の趣旨にのっとり、その保有する情報の公開に関し必要な施策を策定し、及びこれを実施するよう努めなければならない」とのみ定めた。このことは、国の情報公開法が地方公共団体には適用されないこと、地方公共団体の保有する行政情報についてはそれぞれの地方公共団体が処理すべきことを前提に、それぞれの地方公共団体において「この法律の趣旨にのっとり」情報公開を推進するよう努力義務を負わせたことを意味する。

求められる条例の制定と条例の改正

このことから考えると、少なくとも地方公共団体には、国の情報公開法のレベルにまでは情報公開を引き上げることが求められる。

それゆえ、まだ情報公開条例を制定していない地方公共団体においては、早急に情報公開条例の制定が求められよう。要綱に基づいて情報公開を実施してきたところもあるが、これら要綱においては、住民に法的な開示請求権が保障されてはいない。やはり早急に条例化が求められよう。

また、すでに情報公開条例を制定している地方公共団体においても、国の情報公開法に応じた改正が求められる。たとえば、地方公共団体の条例では公安委員会が実施機関に含まれていないこと、ほとんどの地方公共団体では対象情報が決裁・供覧を経た公文書に限定されており組織共用文書が広く対象とされていないこと、ほとんどの地方公共団体では電磁的記録が対象とされていないことなど、見直しの必要な点は少なくない。

ただし、地方自治の本旨に照らし、国の情報公開法を超えて情報公開の充実をはかることは、何ら妨げられてはいない。すでに地方公共団体の中には、東京都や大阪府のように、国の情報公開法のレベルに合わせて内容を全面的に見直し、公文書公開条例から情報公開条例へと名称を変更するところもでてきている。また、東京都のように改正に際して、国の情報公開法では見送られた「知る権利」を前文に明記するところも現れている。ぜひ地方公共団体の独自性を発揮して、国の情報公開法を超えて情報公開が推進されることを期待したい。

3　課　題

独立行政法人および特殊法人の情報公開

すでに述べたように、情報公開法では、結局特殊法人への適用が見送られた。その代わり、第四十二条で、「政府は、独立行政法人(独立行政法人通則法(平成十一年法律第百三号)第二条第一項に規定する独立行政法人をいう。以下同じ。)及び特殊法人(法律により直接に設立された法人又は特別の法律により特別の設立行為をもって設立された法人であって、総務省設置法(平成十一年法律第九十一号)第四条第十五号の規定の適用を受けるものをいう。以下同じ。)について、その性格及び業務内容に応じ、独立行政法人及び特殊法人の保有する情報の開示及び提供が推進されるよう、情報の公開に関する法制上の措置その他の必要な措置を講ずるものとする」と定められることになった(すでにみたように、この条文は独立行政法人が設立されたことに伴い改正されたものである)。

しかも、国会での野党からの強い批判を受けて、附則第二項は、「政府は、独立行政法人及び特殊法人の保有する情報の公開に関し、この法律の公布後二年を目途として、第四十二条の法制上の措置を講ずるものとする」とされた。政府は現在これに従って、特殊法人情報公開法の制定をめざして準備をしているところである。特殊法人だけでなく、独立行政法人、認可法人、公益法人などを含み、実効的な情報公開制度が確立されることを期待したい。

すでに、核燃料サイクル開発機構(旧動燃)のように、大規模な爆発事故を起こしながら情報を隠し強い批判を浴びて、情報公開指針を設定し、情報公開を求められ、非公開とする場合にはあらかじめ諮問機関として設立された第三者機関である情報公開委員会の意見を聴くことにしたところもある。これらの経験が、法律に生かされることを期待したい。

情報公開法の見直し

また、情報公開法の成立に際しては与野党の意見が対立し、とりあえず情報公開法を成立させるため、いくつかの点で妥協がはかられた点がある。目的規定への「知る権利」の明記の問題もそうであるし、さらには参議院で最後になって提起された那覇地方裁判所の裁判管轄の問題もそうである。

そこで附則第三項は、「政府は、この法律の施行後四年を目途として、この法律の施行の状況及び情報公開訴訟の管轄の在り方について検討を加え、その結果に基づいて必要な措置を講ずるものとする」と定めている。

ぜひ、この附則の定めるように、情報公開法の施行後の運用状況をしっかりと監視して、さらに情報公開が促進されるよう、見直しを行うことを期待したい。

意図的な情報隠しを防ぐための措置も

また、情報公開法には意図的な情報隠しを防ぐための措置が取り入れられていない。もちろん、情報公開法の趣旨を無視し意図的な情報隠しをはかれば懲戒処分を受ける可能性はあるし、文書の改竄などは犯罪ともなりうる。しかし、公務員が職務上知りえた秘密を漏らせば守秘義務違反で処罰されるのに、意図的に情報隠しをしても刑罰を受けないというのはバランスを欠くように思われる。将来的には、やはり意図的な情報隠しに制裁を加えることを考えるべきであろう。

4 「開かれた政府」を確立するために

次は会議公開法

情報公開法の制定は、「開かれた政府」実現のための重要な一歩である。しかし、これだけで「開かれた政府」が実現するわけではない。真に「開かれた政府」を実現するためには、まだこれから先、長い道のりが必要である。

まず、次に必要なものとして、行政機関の会議の公開を義務づけた会議公開法の制定がある。情報公開法によって行政機関の保有する行政情報が公開され、これら行政機関の会議についても、会議録や会議資料などが公開されることになった。しかし、情報公開法は、会議自体の公開を義務づけたものではない。

この点アメリカでは、連邦の会議公開法があり、行政機関の会議は原則として公開しなければならないことになっている。日本でも、真に「開かれた政府」を実現するためには、会議の公開は不可欠である。しかも会議公開の必要性は、日本の場合、なおさら強い。というのは、日本では、行政の意思形成過程において、各種審議会が非常に大きな役割を担っており、これら審議会の会議が公開されることは透明な意思形成を確保するために不可欠だからである。

すでに政府もこのような会議公開の必要性自体は認めており、審議会についても原則として公開することを求めている。しかし、このような会議の公開も、法律で義務づけ、国民に傍聴の自由を保障しなければ、実効的に確保されない。もちろん、非公開にすべき会議もある。会議の途中で、非公開で審議しなければならなくなることもある。だが、これらのことは会議の公開原則を法律で定めることの妨げとなるものではない。

早急な会議公開法の制定が求められよう。

国会の情報公開

次に、「開かれた政府」を実現するためには、情報公開法で対象とされなかった、国会の情報を公開することが必要である。すでに述べたように、情報公開法が国会を対象機関としなかったことは、やむをえないと思われるが、このことは国会の情報公開はどうでもよいということではない。むしろ国会は、憲法第五十七条によって会議の公開を義務づけられており、その会議録の作成と公表を義務づけられている。国民の代表者である国会が、選挙で議員を選出した国民にその活動を知る権利を保障し、国会に関する情報を公開すべきことは明らかである。

このような国会の情報公開を促進するためには、考えるべきことは多くある。まず、国会の本会議の傍聴さえ厳しい制約がある現状は早急に改める必要がある。委員会も原則非公開とされていることは、むしろ憲法第五十七条違反だと思われるが、早急にこれを改める必要があろう。また、実際に傍聴にこられない国民のために、ようやく行われるようになった「国会テレビ中継」をさらに拡大していくことが求められる。

それだけではない。現在のところ、国会で審議中の法案の資料や、国会議員の公金支出などに関する文書に対しては、情報公開の方法がない。行政機関と同様に、国会みずから情報公開を保障する必要があろう。

裁判所の情報公開

同じことは、裁判所にも当てはまる。

そもそも裁判所は、憲法第八十二条により裁判の公開を義務づけられており、すべての国民は憲法第二十一条に基づいて裁判を傍聴する権利を有しているはずである。憲法第八十二条あるいは憲法第三十二条のもとで非公開で審理を行うことが許される場合を除いて、非公開で審理することには重大な疑念がある(この点では、少年法の少年審判手続の一律全面非公開の措置には憲法上重大な疑問がある)。

さらに、憲法第八十二条が裁判の公開を義務づけていることからも、裁判記録が公開されるべきことは当然である。それゆえ国民は、憲法第二十一条に基づいて、裁判記録の閲覧・複写を求める憲法上の権利を有しているというべきである。

ところが、実際には、刑事事件については刑事訴訟法によって確定裁判までは訴訟に関する書類は非公開とされ、確定裁判については記録の公開が定められているが、これに基づいて制定された刑事確定訴訟記録法は非常に広く裁判記録を非公開とすることを認めている。これでは、憲法上保障された裁判記録の閲覧を求める権利が侵害されているといわざるをえない。

また民事事件についても、民事訴訟法は裁判記録の閲覧を定めているが、一九九六年の改正で、利害関係のない国民による裁判記録の閲覧は制限されてしまった。裁判所に行けば、裁判書の命令で封印されていない限り、誰でもどんな裁判記録でも閲覧することのできるアメリカとは天と地ほどの違いがある。

情報公開の必要性は、司法についても明らかである。裁判記録の公開は急務というべきであろう。

インターネット時代の情報公開

さらにインターネットが普及した現在、情報公開はそれにふさわしいように構築されなければならない。情報公開法が電磁的記録を対象としたことは重要な一歩といえる。しかし、それでもまだ電子メールで請求し、開示される情報をインターネットを通しダウンロードできるわけではない。やはり、インターネット時代の情報公開のあり方としては、自宅やオフィスでインターネットを通して行政情報を検索し、公開を請求し、インターネットを通してダウンロードして利用できるべきである。

また、このことを考えると、いちいち開示請求などしなくても、必要な行政情報がすべてインターネット上で入手可能となることが望まれる。行政機関が行政文書を作成するとき、必ずそれを電磁的記録として作成し、非公開とすべきものを除き、すべてインターネット上で入手可能なようにしていくことこそが、必要であろう。

情報公開法が近い将来このような観点から見直され、電磁的記録の作成公開義務が課されることを期待したい。

参考文献

情報公開法について

宇賀克也『情報公開法の逐条解説』(有斐閣・一九九九)
北沢義博＋三宅弘『情報公開法解』(三省堂・一九九九)
畠基晃『情報公開法の解説と国会論議』(青林書院・一九九九)
三宅弘『情報公開法の手引き』(花伝社・一九九九)
松井茂記『情報公開法』(出版予定)

情報公開一般について

阿部泰隆『論争・提案　情報公開』(日本評論社・一九九七)
井出嘉憲＋兼子仁＋右崎正博＋多賀谷一照編『講座　情報公開——構造と動態』(ぎょうせい・一九九八)
宇賀克也『情報公開法の理論(第二版)』(有斐閣・二〇〇〇)
同『アメリカの情報公開』(ぎょうせい・一九九八)
同『行政手続・情報公開』(弘文堂・一九九九)
右崎正博＋田島泰彦＋三宅弘『情報公開法——立法の論点と知る権利』(三省堂・一九九七)
藤原静雄『情報公開法制』(弘文堂・一九九九)

松井茂記

1955年愛知県生まれ
1978年京都大学法学部卒業
現在—大阪大学法学部教授
専攻—憲法学
著書—『日本国憲法』
『アメリカ憲法入門』
『司法審査と民主主義』
『二重の基準論』(以上，有斐閣)
『裁判を受ける権利』
『マス・メディア法入門』(以上，日本評論社)ほか

情報公開法入門　岩波新書(新赤版)697

2000年11月20日　第1刷発行

著　者　松井茂記《まついしげのり》

発行者　大塚信一

発行所　株式会社 岩波書店
〒101-8002 東京都千代田区一ツ橋 2-5-5

電　話　案内 03-5210-4000　営業部 03-5210-4111
新書編集部 03-5210-4054
http://www.iwanami.co.jp/

印刷・精興社　カバー・半七印刷　製本・中永製本

ISBN 4-00-430697-3　Printed in Japan

岩波新書創刊五十年、新版の発足に際して

岩波新書は、一九三八年一一月に創刊された。その前年、日本軍部は日中戦争の全面化を強行し、国際社会の指弾を招いた。しかし、アジアに覇を求めた日本は、言論思想の統制をきびしくし、世界大戦への道を歩み始めていた。出版を通して学術と社会に貢献・尽力することを終始希いつづけた岩波書店創業者は、この時流に抗して、岩波新書を創刊した。

創刊の辞は、道義の精神に則らない日本の行動を深憂し、権勢に媚び偏狭に傾く風潮と他を排撃する驕慢な思想を戒め、批判的精神と良心的行動に拠る文化日本の躍進を求めての出発であると謳っている。このような創刊の意は、戦時下においても時勢に迎合しない豊かな文化的教養の書を刊行し続けることによって、多数の読者に迎えられた。戦争は惨澹たる内外の犠牲を伴って終わり、戦時下に一時休刊の止むなきにいたった岩波新書も、一九四九年、装を赤版から青版に転じて、刊行を開始した。新しい社会を形成する気運の中で、自立的精神の糧を提供することを願っての再出発であった。赤版は一〇一点、青版は一千点の刊行を数えた。

一九七七年、岩波新書は、青版から黄版へ再び装を改めた。右の成果の上に、より一層の課題をこの叢書に課し、閉塞を排し、時代の精神を拓こうとする人々の要請に応えたいとする新たな意欲によるものであった。即ち、時代の様相は戦争直後とは全く一変し、国際的にも国内的にも大きな発展を遂げながらも、同時に混迷の度を深めて転換の時代を迎えたことを伝え、科学技術の発展と価値観の多元化は文明の意味が根本的に問い直される状況にあることを示していた。

その根源的な問は、今日に及んで、いっそう深刻である。圧倒的な人々の希いと真摯な努力にもかかわらず、地球社会は核時代の恐怖から解放されず、各地に戦火は止まず、飢えと貧窮は放置され、差別は克服されず人権侵害はつづけられている。科学技術の発展は新しい大きな可能性を生み、一方では、人間の良心の動揺につながろうとする側面を持っている。溢れる情報によって、かえって人々の現実認識は混乱に陥り、ユートピアを喪いはじめている。わが国にあっては、いまなおアジア民衆の信を得ないばかりか、近年にいたって再び独善偏狭に傾く惧れのあることを否定できない。

豊かにして勁い人間性に基づく文化の創出こそは、岩波新書が、その歩んできた同時代の現実にあって一貫して希い、目標としてきたところである。今日、その希いは最も切実である。岩波新書が創刊五十年・刊行点数一千五百点という画期を迎えて、三たび装を改めたのは、この切実な希いと、新世紀につながる時代に対応したいとするわれわれの自覚とによるものである。未来をになう若い世代の人々、現代社会に生きる男性・女性の読者、また創刊五十年の歴史を共に歩んできた経験豊かな年齢層の人々に、この叢書が一層の広がりをもって迎えられることを願って、初心に復し、飛躍を求めたいと思う。読者の皆様の御支持をねがってやまない。

（一九八八年一月）

岩波新書より

法律

経済刑法　芝原邦爾
新地方自治法　兼子仁
行政手続法　兼子仁
憲法と国家　樋口陽一
比較のなかの日本国憲法　樋口陽一
法とは何か〔新版〕　渡辺洋三
日本社会と法　渡辺洋三・甲斐道太郎・広渡清吾・小森田秋夫 編
法を学ぶ　渡辺洋三
民法のすすめ　星野英一
情報公開法　松井茂記
マルチメディアと著作権　中山信弘
戦争犯罪とは何か　藤田久一
日本の憲法〔第三版〕　長谷川正安
結婚と家族　福島瑞穂
憲法と天皇制　横田耕一
プライバシーと高度情報化社会　堀部政男
日本人の法意識　川島武宜

経済

金融工学とは何か　刈屋武昭
景気と国際金融　小野善康
景気と経済政策　小野善康
世界経済図説〔第二版〕　宮崎勇・田谷禎三
日本経済図説〔第二版〕　宮崎勇
経営革命の構造　米倉誠一郎
金融入門〔新版〕　岩田規久男
国際金融入門　岩田規久男
ブランド 価値の創造　石井淳蔵
日本の経済格差　橘木俊詔
中小企業新時代　中沢孝夫
株主総会　奥村宏
会社本位主義は崩れるか　奥村宏
金融システムの未来　堀内昭義
アメリカの通商政策　佐々木隆雄
ゼロエミッションと日本経済　三橋規宏
戦後の日本経済　橋本寿朗
アメリカ産業社会の盛衰　鈴木直次
共生の大地 新しい経済がはじまる　内橋克人
思想としての近代経済学　森嶋通夫
日本の金融政策　鈴木淑夫
シュンペーター　伊東光晴・根井雅弘
ケインズ　伊東光晴
国境を越える労働者　桑原靖夫
世界経済入門〔第二版〕　西川潤
経済学の考え方　宇沢弘文
経済学とは何だろうか　佐和隆光

岩波新書/最新刊から

688 純愛時代 大平健著
もっとピュアな恋をしたい…。過剰なまでに"純粋"な恋愛を求めて現実の中で心を病んでいく若者たちの脆く崩れやすい心の風景。

689 思想検事 荻野富士夫著
戦前治安体制の一方の核として、特高警察と両輪をなした思想検察。戦後公安検察への継承性も視野にいれ、その実態と全体像を解明。

690 中国で環境問題にとりくむ 定方正毅著
中国の大気汚染は重大な健康被害や環境破壊をもたらし、砂漠化は農地を激減させた。途上国の環境汚染をくい止めるための施策を示す。

691 カラー版 続ハッブル望遠鏡が見た宇宙 野本陽代著
「ハッブルの遺産」シリーズも含め、パワーアップしたハッブル宇宙望遠鏡が撮った美しい最新画像約一〇〇点を掲載、解説する第二弾。

692 市場主義の終焉 ―日本経済をどうするのか― 佐和隆光著
長期不況に直面した日本経済の改革は、市場にすべてを委ねることで可能なのか。効率性と公平性の両立をめざす方途を明示する。

693 住民投票 ―観客民主主義を超えて 今井一著
近年、急速に広がっている住民投票。実施をめざし奮闘してきた人びとの声を伝え、住民投票が政治をどう変えてゆけるかを問う。

694 女性労働と企業社会 熊沢誠著
改正「均等法」の下、女性の働き方は多様化している。その実像を豊富なデータで描き出し、性差別に抗して働き続ける方途を提言。

695 日本の近代化遺産 ―新しい文化財と地域の活性化― 伊東孝著
新しい文化財として注目されはじめた近代化遺産の見方・楽しみ方を紹介しながら、今後の町づくりの資産として活用することを説く。

(2000. 11)